THANK YOU KOBE
科比，难说再见

科比庄园 编著

<<<<<<<<<<<<<<<<<<<< I may not be perfect,but I'm always me. >>>>>>>>>>>>>>>>>>>

BLACK MAMBA

世界知识出版社

Even if the world abandoned me,
but I also accompany Basketball.
即便这个世界抛弃了我，还有篮球陪伴我。

adidas
LAKERS

LOVE
Love me or hate me, it's one or the other.
Always has been.
Hate my game, my swagger.
Hate my fadeaway, my hunger.
Hate that I'm a veteran. A champion.
Hate that. Hate it with all your heart.
And hate that I'm loved, for the exact same reasons.

HATE
爱我或者恨我，两者必有其一。
一直都这样。
有人恨我的球技，我的自傲；
恨我的后仰投篮，我对胜利的渴望；
恨我是一名老将，恨我获得过总冠军。
恨吧，用你的全部心思去恨吧。
然而也有很多人深爱着我，理由却和恨我的人一样。

adidas
LAKERS

“It’ s funny. I think a lot of people, a lot of writers, try to take shortcuts in their assignments and just regurgitate what somebody else may have written, you know, instead of truly saying what’ s going on,” Kobe says. “I’ m no different than anybody. Basketball to me, it’ s a game that I want to try to be the best at, try to work at as much as possible. But I understand it’ s a game. But I’ m extremely outgoing. People say, ‘He’ s quiet’ and all that stuff. That’ s crazy. They obviously don’ t know me. So, I mean, people that know me and people that seen me interact, stuff like that, I’ m completely opposite of what they read. And a lot of people actually tell me that. They’ ll say, ‘Man, you’ re nothing like I thought you were.’ ”

“好笑的是，我看到好多记者只会偷懒炒冷饭，把别人写的东西拿来鹦鹉学舌一番，而不是忠实地写出实际发生的事情。”科比说道，“我其实并非与众不同。篮球对我来说，是一门我愿意千方百计地为之付出，直到可以笑傲群雄的技艺。当然我也知道，它只不过是一项赛事而已。我其实是一个很外向的人，但人们往往用‘寡言’之类的词汇说我，真的很无聊。显然，他们并不了解我。我是说，那些了解我，或者亲眼看到我怎样与人交往的人们都知道，我其实与报上写的完全不一样。真的有许多人跟我说过：‘嗨，你一点都不是我想象中的科比。’”

"I just go. I just go. I just keep going until it feels right to me," Kobe says of his habits. "If something doesn't feel right, I'm gonna stay there until I get it right. I just continue to keep pushing and pushing and pushing. That's all I've known. That's how my parents raised me. If you're going to be focused on something, if you want to do something, you can't, you can't go about it in a half-assed way. You really gotta dedicate yourself to it, try to be the best at it. That's the only way."

"我只是不停地练，不停地练，一直到自己满意为止。"科比谈到他的训练习惯，"如果感觉到有一点不对，我会待在那里一直到对了为止。我就是不停地给自己加码、加码、加码。我只知道这么做，这也是我父母培养我的方法。如果你把某件事情当成事业来做，而且要做出一点成绩，你就绝对不能半心半意地去做，你得把自己的精力全部放进去，努力做到最好。我就只会这么做。"

LAKERS
24
LAKERS
24
LAKERS
24

KOBE IN THE EYES OF OTHERS
众星眼中的科比

17年入选全明星，一个常规赛MVP，和湖人一起夺得五个总冠军，同“梦之队”一起获得两个奥运会冠军以及不知懈怠地工作训练。科比是我们NBA历史上最伟大的球员之一。无论是他在总决赛里的拼搏，还是深夜在空无一人的体育馆里那美如画的训练跳投，科比对篮球的爱都是毫无保留的。我和世界上每个角落的科比球迷一样，祝贺他拥有杰出的NBA职业生涯，感谢他带来那么多的令人震撼的记忆。

——亚当·萧华（现任NBA总裁）

宝贝，为了篮球你一直在倾其所有，现在你可以离开了。我以你为荣，即使在你陷入低谷的时候。你一直都在努力地为了全世界的球迷们奉献最精彩的比赛，你对我们意味着很多。我很感激上帝能给我们这样的一个家庭，现在一个章节即将结束，另一个新的章节也将开启。我们爱你。

——瓦妮莎·布莱恩特（科比妻子）

他每天都在和各种各样的人进行比赛，他现在不仅仅局限于得分，也许有人说勒布朗足以超越科比，我要告诉他们，科比更棒，即便他35岁，让我选全联盟最棒的球员我同样会给出和现在一样的答案，那就是科比。

——迈克尔·乔丹（NBA名宿）

科比是我们见到的距离迈克尔·乔丹最近的球员，他应该是NBA历史上在得分后卫上排名第二的球员。

——“魔术师”约翰逊（NBA名宿）

科比是我们这个联盟最好的球员，他每晚的表现都是那样另人难以置信。

——勒布朗·詹姆斯（现骑士球员）

我很崇拜科比·布莱恩特。我学习他的比赛，并希望能像他一样。他是我们的迈克尔·乔丹。今年，我感到很失望，因为你们（媒体）把他像垃圾一样对待，他是一个传奇，但我所听到的都是他打得多么糟糕，他的投篮多么糟糕，以及他应该退役。你们如此对待我们的传奇之一，我真的不喜欢。现在他决定在本赛季结束后退役，你们可以开始对他好一点。他拥有一段令人惊叹的职业生涯，他对篮球比赛意味着太多。很难过看到他离开，他在比赛中留下了自己的印记。

——凯文·杜兰特（现雷霆球员）

知道他要在本赛季结束退役后，我还是有些失落，有些悲伤。看到跟我同时期进入联盟的球员一个个离开，真是难过。能与他竞争多年，我觉得很幸运。在一起打全明星的时候，我也对他有了更多了解。我觉得KD说得没错，对我们这代球员来说，他就是我们的乔丹。

——德克·诺维斯基（现小牛球员）

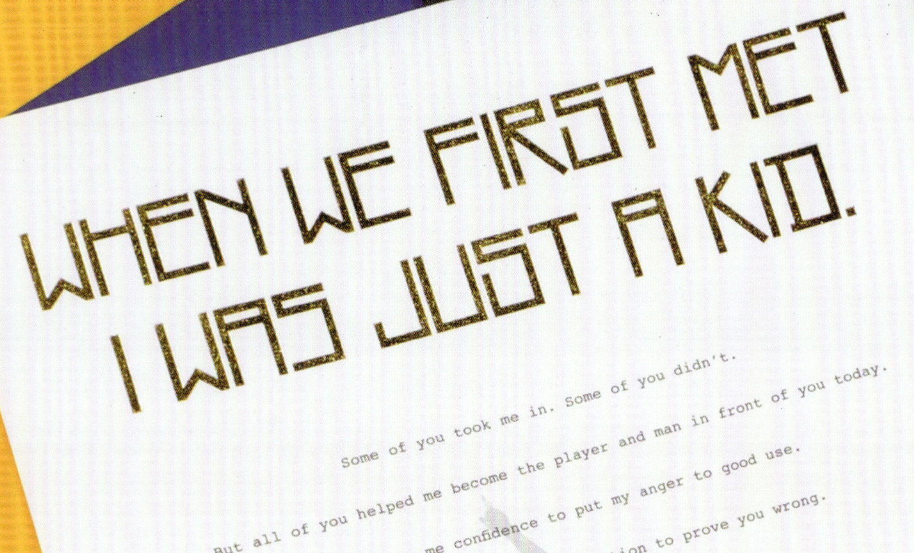

Some of you took me in. Some of you didn't.

But all of you helped me become the player and man in front of you today.

You gave me confidence to put my anger to good use.

Your doubt gave me determination to prove you wrong.

You witnessed my fears morph into strength.

Your rejection taught me courage.

Whether you view me as a hero or a villain,

please know I poured every emotion, every bit of passion

and my entire self into being a Laker.

What you've done for me is far greater than anything I've done for you.

I knew that each minute of each game I wore purple and gold.

I honor it as I play today and for the rest of this season.

My love for this city, this team and for each of you will never fade.

Thank you for this incredible journey.

KB
20
I don't want to be the next Michael Jordan ,
I only want to be **Kobe Bryant** .

Virtuoso Recommendation

名家推荐

“比赛总有赢家，为什么不能是我？”这是科比的人生信条，也是他对待比赛的态度。从“OK组合”初创开始，他笃信凭借不懈的努力和提升，自己一定会成为湖人双核中重要的那个。但真正激发他的是2006年，他不但轰下了三节62分，单场81分，还在季后赛用全场双绝杀把领袖联盟的太阳逼上绝路。这个偏执的家伙，即使到了2010年还是不肯对自己有任何放松，他的手指头在我们的全明星赛前转播中露出过，肿胀得已非常人可受，但他那一年命中6次绝杀，总决赛7场鏖战，报了2008年被凯尔特人大逆转的一箭之仇。从2013年那次大伤到现在，一如2001年乔丹复出的意念，确实难以无所不能，但每向前走一步，就是在证明自己离凡人又近一点，也就把传承的火炬手递心安。

于是2016年4月14日——最后一个比赛的日子，这份执拗和努力终于要和自己说再见。我猜，以他的性格，多少还是有些，暗暗地，心有不甘，想留不能留才最寂寞，心底那份热爱是所有一切生发的源泉。

——于嘉/央视体育频道主持人/资深篮球评论员

在最终的最终，在NBA60余年的历史上，纵论每一个时代的英雄，没有人能够忽略科比。人们想起四五十年代的乔治·麦肯，六七十年代的拉塞尔、张伯伦争霸，八十年代的黑白双雄，九十年代属于迈克尔·乔丹，而科比，在21世纪第一个十年里的兴盛，五枚总冠军戒指，无所不能的得分能力，极富观赏性也极富争议性的打法，引起的话题和关注，都让他的影响力在21世纪里无人能及。他是这个时代的重要符号，而在最后一战上，他把自己的符号再次强硬地镌刻了地板上。

我知道，就是这样的科比，在过去的10年、15年里，影响、激励着你们。

——杨毅/《体坛周报》篮球部主任/著名篮球评论员

在2015/2016赛季之后，科比真的选择退役，这也是我们必须要面对、接受的一件事。无论是享受和妻子的天伦之乐，还是开创自己的商业帝国，亦或是像前辈J博士、贾巴尔一样成为NBA全球大使……彼时的科比不一定如职业生涯般辉煌，但至少不用再去承受高处不胜寒的压力，不用再去拖着病体拉着一群雇佣兵、年轻人前进，不用再去和ESPN的记者打嘴仗，而是去迎接一份属于自己的简单存在的幸福与快乐。

我们跟科比说再见了，为了从1996年开始的传奇，为了无数爱他或恨他的人，为了洛杉矶凌晨四点的夜色，同样为了十年间为NBA转播单位赚下的收视率，在这一天来到的时候，我在心里由衷地说上一句：“谢谢，科比。”

——柯凡/腾讯NBA著名主持人/资深篮球评论员

1996年第一次见KOBE是在洛杉矶的长堤万豪酒店，11支参加长堤夏季联赛的NBA球队住在这家酒店。我们走进大堂，看见KOBE一个人站在大堂的门口，他主动走过来跟所有的队员打招呼，握手并做着自我介绍：“我是KOBE，很高兴认识你。”

就在相识几天后，洛杉矶所有的媒体、球队和球迷圈大家都在谈论：“去看夏季联赛吧，有个17岁叫KOBE的高中生能够跳在空中不下来，可以在上篮的时候空中换手、拉杆等，面对防守倒地时还能把球投进，他就是未来的乔丹继承人。”从此KOBE开启了自己的篮球职业生涯。

五个总冠军戒指，81分，无数的MVP，得分王，刷分工具，20年里无数的话题给热爱这项运动的球迷带来了亿万条信息。他让很多女球迷疯狂，也让很多真假球迷羡慕嫉妒爱。

——马健/前国家篮球队队员/著名篮球评论员

我喜欢KOBE，是因为他是一个“人”，不是一个“神”；我喜欢看他的缺点，多过他的优点。我真正开始欣赏他，是看他从一个天之骄子变成众人批判的球员后，再从低谷中翻回来的那个KOBE。这是一个男孩要变成一个男人的必经之路，他走过来了。

KOBE的性格，在球场上往往是两刃剑，也让球迷又爱又恨。他的个性也常被对手所利用，但是这就是KOBE。你似乎等不到他开始不争强好胜的那一天，因为他的竞争心理，始终是这么强烈，这也是他追求自我更好的原始动力。他不但要打败对手，还要用自己的方式打败对手，这就是他的风格。

——朱彦硕/台湾《HOOP》前主编/篮球专栏作家

CONTENTS

目录/THANK YOU, KOBE 科比，难说再见

24

科 比 V S 2 9 队

KB20 传奇之旅 1996—2016

K O B E B R Y A N T

科比是联盟有史以来唯一一位在其他 29 支球队头上都拿过 40+ 壮举的球员，这已足够伟大。对猛龙旷古烁今的单场 81 分、三节 62 分打爆小牛更是令世人膜拜！

001 1996年选秀大会，开启20年紫金生涯

科比在高中获得了无数的荣誉，并在 1996 年以场均 30.8 分、12 个篮板、6.5 个助攻、4 个抢断、3.8 个盖帽的疯狂数据带领劳尔梅里恩高中球队夺得 AAAA 级州冠军，高中总得分 2883 分，成为宾夕法尼亚州东南区的高中篮球最高得分纪录，打破了名人堂球员威尔特·张伯伦 2359 分的纪录。但是当科比宣布“I have decided to skip college and take my talents to the NBA”的时候，众多专家名宿却纷纷表示并不看好这个 18 岁的毛头小子。当然，有一个人除外，他就是湖人传奇杰里·韦斯特。在湖人表示愿意用当打中锋迪瓦茨作为交易筹码之后，被黄蜂在第 13 顺位选中的科比随后就被送到湖人，开始了 20 年紫金传奇之路。

002 1996年11月6日拿下生涯第一分

在1996年11月3日，在湖人对阵森林狼的比赛中，科比职业生涯第一次登场，但是并没有收获自己的第一分。直到这场比赛进行到下半场，18岁的科比再次获得替补登场的机会，并在随后一次进攻中突破造成犯规，在观众的嘘声中将球罚进。这是他全场比赛唯一一次得分，也是他职业生涯得到的第一分，传奇之路从此开始。

01 科比 VS 步行者

2000 年 6 月 13 日 / 带伤复出力挽狂澜

1999/2000 赛季总决赛，湖人对阵印第安纳步行者队，第二场比赛的第二节，科比脚踝严重扭伤，直到第四场才再次登场。在奥尼尔第四节 6 犯下场的情况下，带着 2 级脚踝伤的科比凭借一己之力将比赛拖入加时，并在加时赛中独得 8 分，包括在最后 5.9 秒完成决定性的补篮，带领球队以 120 比 118 赢下了比赛。

在很多年后的一次采访中，奥尼尔回忆起这场比赛，直言：“那场比赛科比拯救了湖人也拯救了我，他是这个世界上最棒的篮球运动员。”

湖人 VS 步行者数据

最高得分：45 分（2006 年 1 月 10 日）

场均数据：24.7 分 /5.2 篮板 /4.1 助攻（共 34 场）

02 科比 VS 76 人

2001 年总决赛 / 科艾的终极对决

在总决赛第一场，湖人意外输给 76 人之后，上一场拿到 44 分的科比憋着一口气，在第二场总决赛上突破、跳投、扣篮，无可阻挡，他得到全场最高的 31 分之后转战费城，科比依然延续了自己良好的状态，第三场与艾弗森互飙 32 分，湖人队也没有再给 76 人队喘息的机会，以 4 比 1 的总比分在费城举起了总冠军奖杯，卫冕成功。

湖人 VS 76 人数据

最高得分：48 分（2006 年 1 月 7 日）

场均数据：25 分 /3.7 篮板 /2.9 助攻（共 32 场）

03 科比 VS 奇才

2003年3月28日 /新老飞人的传承

对于乔丹和科比这类对于胜利有着近乎偏执态度的球员而言，他们尊重一位球员的方式并不是安慰和让步，而是全力以赴地战斗。这是新老飞人最后一次场上对抗，是一场真正意义上的火炬交接仪式。虽然腿伤使科比的跳跃没有以往那样灵便，但奇才仍然没办法压制他的火力，科比在半场结束时刷新了湖人队尘封 43 年的半场得分纪录：42 分，全场科比 29 投 15 中拿下 55 分 5 篮板 3 助攻，赛后乔丹更是直言：“看到联盟有像科比这样优秀的球员我很高兴，他是我的接班人。”

湖人VS奇才数据

最高得分：55分（2003年3月29日）

场均数据：25.9分/5.1篮板/5.7助攻（共31场）

04 科比 VS 老鹰

2013年3月4日 / 隔扣史密斯+准绝杀

整场比赛两队的比分都是相当的胶着，第三节还剩 1.6 秒时，科比迎着防守命中压哨三分，为湖人争取到 6 分的领先。第四节科比越战越勇，隔扣约什·史密斯，并在最后时刻完成绝杀！

湖人 VS 老鹰数据

最高得分：41 分（2009 年 11 月 2 日）

场均数据：22.2 分 /4.7 篮板 /4.3 助攻（共 29 场）

湖人VS 活塞数据

最高得分：40分（2006年3月5日、2009年11月18日）

场均数据：22.2分/4.7篮板/5.1助攻（共33场）

05 科比 VS 活塞

2009年11月18日/生涯100次“40+”

06 科比 VS 猛龙

2006年1月23日 / 历史第二高分81分

在科比职业生涯第 666 场常规赛里，科比用疯狂的表现对“统治力”这个词进行了淋漓尽致地诠释，全场 46 投 28 中，其中三分球 13 投 7 中，罚球 20 罚 18 中，令人咋舌地拿下 81 分，带领湖人以 122 比 104 逆转猛龙。

对于这场在 NBA 过去的 40 年里最伟大的个人表演，ESPN 的资深“科黑”比尔·西蒙斯如是描述：猛龙队在 30 尺外开始防科比，科比就在 30 尺外命中三分；他们双人包夹，科比总能找到一条裂缝，然后创造出投篮机会；他每次突破的时候都遇到最大的阻力，但他不是投中两分就是命中两个罚球；他们在最后三分钟还是用三人包夹，他依旧能够得到分数。那就像在看自由搏击的 KO 集锦一样，不停地有人被打成鲜血淋漓的肉酱，差不多 20 分钟之后，你就会开始感到恶心，但是你又不能停下来不看。没有人能够在面对 NBA 级别的防守下半场轰下 55 分。这不应该发生，但是这的确发生了。

这个夜晚科比火力十足，他的每次接球都会爆发比上一次更高的欢呼，他的每一次出手都迎着现场 18997 名观众充满期待的眼神，他的每一次钻入篮下被犯规都会让会场内的嘘声爆炸，观众在观看的是世界上最完美的表演，而科比主宰了洛杉矶。他投丢了一个球，你会很惊讶地叹息；他上丢了一个篮，你简直不能相信；他罚丢了一个球，你感觉自己被欺骗了。第三节开始时，他们依然落后着猛龙 18 分之多，最后，疯狂的科比带领湖人实现大逆转。

斯特恩这样评价这场比赛：“这是 NBA 历史上最令人惊异的表演。”

PEPSI
TOYOTA
TOYOTA
THE HOME DEPOT
McDonald's
cingular
BUD LIGHT
LAKERS
7
8
LAKERS
3
LAKERS
31
5

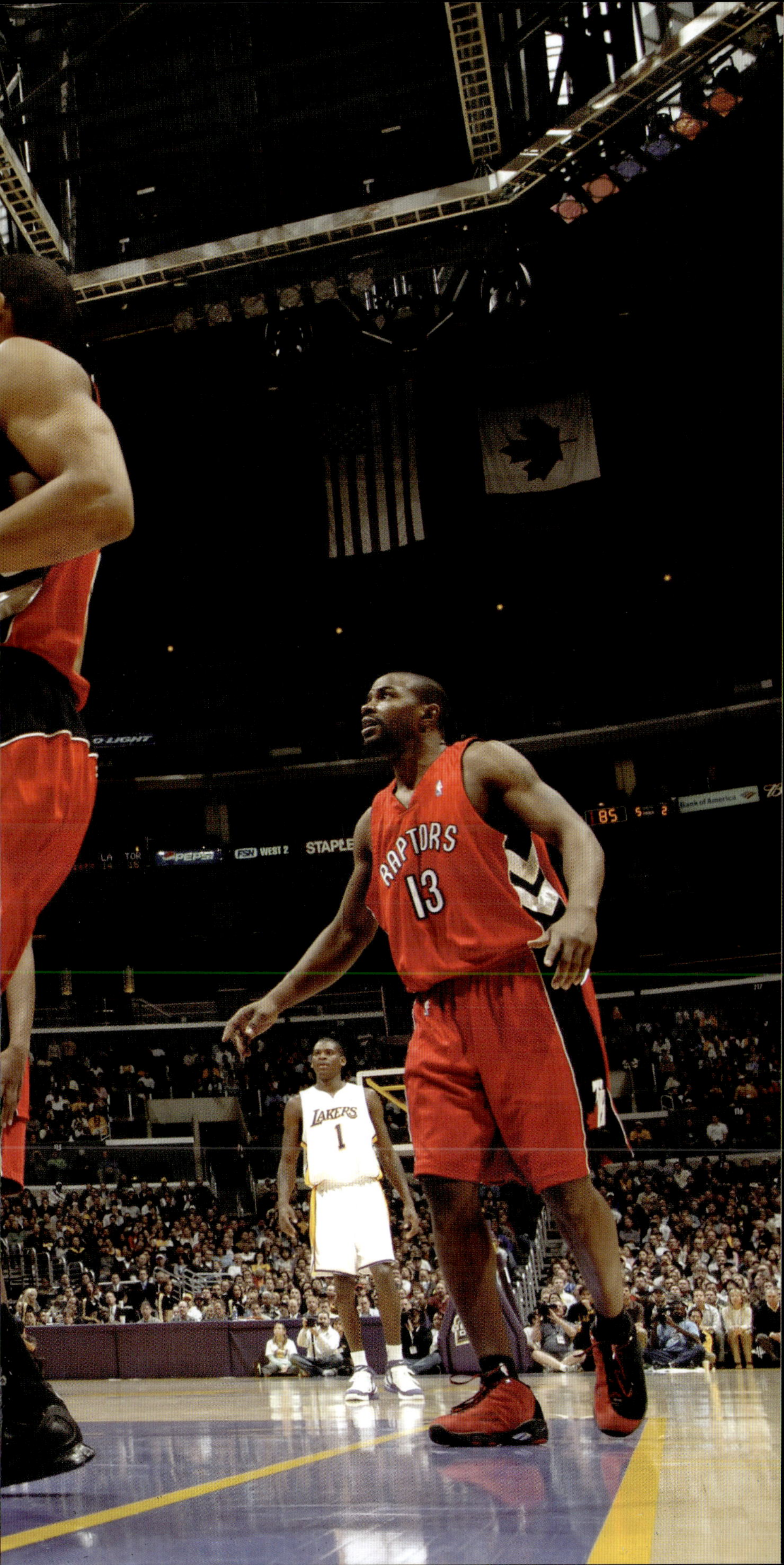
RAPTORS
13
LAKERS
1
STAPLE
FSN WEST 2
Bank of America

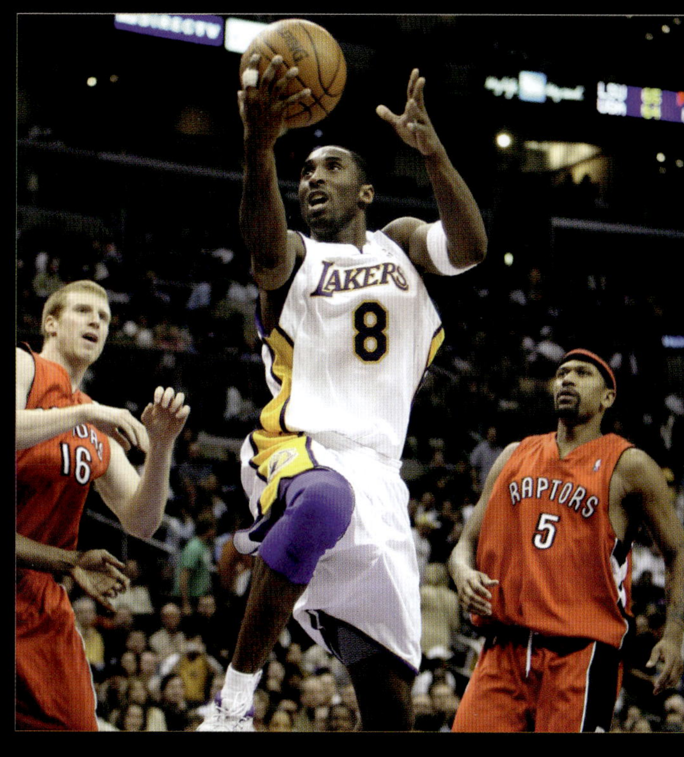

LAKERS
8
16
RAPTORS
5

McDonald's
THE HOME DEPOT
DIRECTV
TOR
ROSE
5
LAKERS
8
TOYOTA

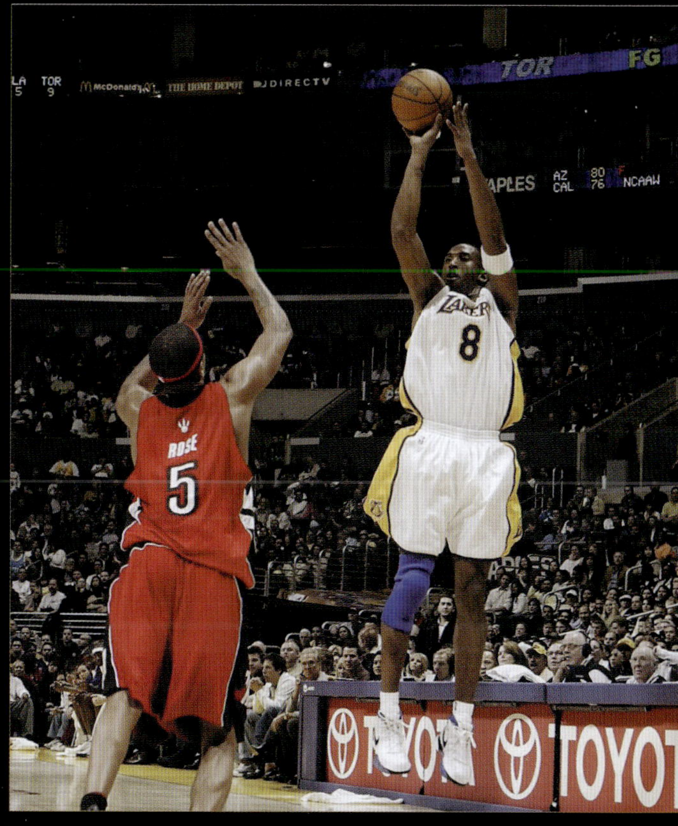

07 1.科比VS森林狼

2003年4月/季后赛首轮淘汰森林狼

这是科比和加内特在季后赛中的首次相遇，KG以其全能的身手给湖人制造了不小的麻烦，森林狼一度2比1大比分领先湖人，但可惜他们遇到的是三连冠的湖人队，在系列赛第六场，湖人在第三节一度将优势扩大到17分，但在本节最后5分13秒里只得了2分，森林狼打出13比2时，在本节结束前将差距缩小到6分。森林狼刚萌生出一丝生机，科比在第四节就将他们的希望化为泡影，科比连续5投中的连得10分，将优势扩大到20分，森林狼大势已去，最终未能改变既定命运，连续7次在季后赛首轮出局。科比第四节贡献14分，全场拿下31分8次助攻。

07 2.科比VS 森林狼

2014年12月/得分 32293分，超越乔丹

2014 年 12 月 15 日，第二节比赛还剩 5 分 24 秒时，凭借两记罚球，科比的 NBA 个人职业生涯总得分达到 32293 分，正式超越乔丹（32292 分），荣升历史得分榜第三位。为了祝贺科比这一成就，比赛现场特意暂停，所有球员都走上来和科比拥抱祝贺，而全场球迷也都起立欢呼。砍下这一历史性分数的篮球，也由森林狼老板送给了科比，作为永远的纪念。

湖人VS森林狼数据

最高得分：50分（2007年3月19日）

场均数据：24.2分/5.2篮板/4.9助攻（共64场）

LAKERS
24

LAKERS
24
SPURS
湖人VS 马刺数据
最高得分：44 分（2003 年 2 月 15 日）
场均数据：23.5 分 /5.3 篮板 /4.2 助攻（共 61 场）

08 科比VS马刺

2007/2008 赛季 / 西部决赛

马刺是 2007/2008 赛季西区季后赛中唯一一支对湖人占有优势的球队，但很不幸的是他们在这个系列赛中从“逆转”始，再由“逆转”终。而这一切的罪魁祸首就是科比——马刺梦魇——布莱恩特，科比一次次拔刀狠刺，正是他在球队落后 20 分的时候，站了出来，担负起了作为领袖的责任，接管比赛。即使作为上届冠军，马刺的球员也没能阻止住他的爆发，他们能做的只是看着科比在他们面前将球投进，追上比分。一如负责盯防科比的马刺球员鲍文那一脸的无奈：“科比在独自一人背负着湖人前行，我们本来有绝佳的机会可以取得胜利，但却让它从手边溜走了。我对此感到很失望。”

09 1.科比 VS 火箭

2006年12月16日/53分实现逆转

麦迪因伤未能出战，上半场姚明带领火箭众将一度领先湖人达21分。但科比显然没有让火箭高兴太久，突破、跳投、暴扣，各种2+1，无所不能的科比让巴蒂尔一脸困窘，虽然姚明凭借生涯最高出手次数轰下35分、15个篮板、8个盖帽和4次助攻，但难挡杀神科比全场38投17中砍下53分、10个篮板和8次助攻的大号准三双。湖人也凭借科比的表现，经过双加时以112比101逆转取胜火箭。

巴蒂尔退役后，当谈到谁是他职业生涯面对过最难防守的球员时，他毫不犹豫地选择了科比·布莱恩特。“在我的生涯里最难防守的球员是科比，他绝对是最难防的。”

湖人VS火箭数据

最高得分：53分（2006年12月16日、2007年3月31日）

场均数据：26.6分/5.4篮板/4.8助攻（共56场）

09 2.科比 VS 火箭

2008/2009 赛季季后赛第二轮 / 最湖人

麦迪赛季报销，在外界一致认为火箭将被王者湖人横扫出局的时候，火箭却在第一场给了湖人一记当头棒喝。科比在一次突破中与姚明膝盖对撞，姚明短暂处理之后重新回到场上并命中一记关键中投，为火箭锁定胜局。科比面对阿泰斯特的贴身逼防和巴蒂尔的蒙眼防守，依然发挥出色，带领湖人连扳两场，姚明在第三场比赛后宣布赛季报销。当所有人认为火箭将被湖人轻松拿下的时候，“小强”火箭却将湖人拖入了抢七。虽然抢七战火箭大比分失利，但也正是如此顽强的火箭才逼出了最强大的湖人，为之后湖人一路过关斩将拿下总冠军奠定了基础。

10 科比 VS 雄鹿

2009年12月16日 / 科比39分+绝杀

这是湖人背靠背的第二场比赛，上一场科比在芝加哥拿下 42 分，来到密尔沃基，湖人队在加时赛结束前 1 分 24 秒落后 6 分，关键时刻科比再现 MVP 本色，他先是突破上篮得手。最后 48 秒，科比杀入篮下后转身抛投得手，还造成博格特犯规，连得 5 分的科比帮助球队只差 1 分追平对手。随着里德投篮不中，比赛结束前 5.4 秒，湖人队前场发球，科比过半场之后面对贝尔防守，运球杀至左侧三分线内一步，15 尺，稍做肩部晃动之后，倔强地后仰跳投将球投出，球空心入网，为胜利盖上了盖子，全场科比得 39 分 7 篮板 4 助攻。

湖人 VS 雄鹿数据

最高得分：43 分（2006 年 3 月 25 日）

场均数据：24.2 分 /5 篮板 /4.7 助攻（共 32 场）

11.科比 VS 超音速

2003年1月8日 /单场命中12 个三分球

科比从来都说自己不是一个三分手，但是在这场比赛中，面对“手套”佩顿的防守，还有超音速一堆三分神射手（刘易斯和拉德马诺维奇），科比再现神奇，他投进了 12 记三分球，其中连续命中 9 个三分，无论是单场三分球总命中数还是连续命中数均创造了 NBA 三分球的新纪录。赛后接受采访的时候科比表示：“很难形容这种感觉，你就是非常自信。我只要脚站稳，能够清楚地看到篮筐，我就能投进。就算那几个没进的，我投的时候也觉得能进。”

12. 科比 VS 雷霆

2010年季后赛 / 雷霆二少对抗王者

自从杜兰特和维斯布鲁克进入联盟以来，两人凭借超强的个人表现扛着雷霆前进。在 2010 季后赛首轮面对上届冠军湖人时，双少给湖人带来了不少的挑战。湖人和雷霆各在自己主场取胜两场，天王山之战回到洛杉矶，王者湖人没有再给雷霆任何机会，兵不血刃拿下第五战来到赛点。在第六场比赛中，科比第三节独得 16 分，全场 32 分 7 篮板，最终加索尔补篮命中准绝杀雷霆，顺利晋级下一轮。

湖人VS 雷霆数据

最高得分：50 分（超音速时期）（2007 年 4 月 16 日）

场均数据：23.5 分 /4.8 篮板 /5.4 助攻（共 65 场）

12 1.科比 VS 掘金

2003 年12月19日 / 赶场法则

在这场比赛之前，科比飞到掘金队所在的科罗拉多州出席听证会，然后立即飞回洛杉矶参加比赛，他在第二节中途插班，但最后却成为比赛的主角，在终场哨即将吹响之时，科比一个假动作将巴里晃飞，灯亮，球进，科比帮助湖人 101 比 99 获胜。这场比赛也成为科比“赶场法则”的代表作之一。

湖人 VS 掘金数据

最高得分：51 分（2003 年 2 月 13 日）

场均数据：24.8 分 /5.3 篮板 /5.4 助攻（共 57 场）

12 2.科比 VS 掘金

2009 年西部决赛 / 噬血黑曼巴出击

这一轮的西部决赛，湖人队承受了更多来自体力上的折磨，掘金队主要还是输在经验的缺乏上，而科比 MVP 级的表现和关键时刻的发挥成为湖人队胜负走向的关键，他对出手时机的把握，单挑篮筐的能力，外围发炮的准星，尤其是最后时刻结果对手的勇气以及整体的全面表现都让人无可挑剔。他系列赛第六场数据为 35 分、6 个篮板和 10 次助攻，这是他个人季后赛生涯中首次得到 35+6+10，这也使得他个人职业生涯中第 6 次杀入 NBA 总决赛。

湖人 VS 快船数据

最高得分：50 分（2006 年 1 月 8 日、2007 年 4 月 13 日）

场均数据：24.9 分 /5.1 篮板 /4.6 助攻（共 61 场）

141.科比 VS 灰熊

2002年1月14日 /零失误科比三节56分

奥尼尔因为此前和公牛中锋布拉德·米勒打架遭遇禁赛。手感发烫的科比一个人拯救了湖人，仿佛战神下凡般无所不能，全场 34 投 21 中，其中包括三分线外 6 投 3 中，罚球 12 罚 11 中，全场零失误，这也是科比职业生涯零失误所得到的最高得分。科比仅仅花了 23 分钟就拿到了 56 分，湖人也以 120 比 81 力克灰熊。

湖人VS 灰熊数据

最高得分：60 分（2007 年 3 月 23 日）

场均数据：27.3 分 /4.8 篮板 /4.6 助攻（共 49 场）

2.科比 VS 灰熊

2007年3月23日 / 连续三场轰下50+分

14 3.科比 VS 灰熊

2010年2月2日 / 超越韦斯特，湖人队史得分第一

突破、扣篮、背身后仰、三分信手拈来，全场高命中高效率拿下44分，科比得到赛季最高的44分（44号是韦斯特的号码，在湖人退役）。比赛第三节还剩4分14秒，加索尔长传，法玛尔接球后很自觉地把球交给科比，科比接球后双手完成灌篮，同时用手拍了一下篮板右下角的美国国旗，拿下本场比赛的第29分，实现了对湖人队名宿杰里·韦斯特的超越，成为NBA史上得分第14位，湖人队得分队史第一人。

144.科比 VS 灰熊

2010年2月24日 /绝杀灰熊，千场常规赛胜利

孟菲斯联邦快递球馆，球架上方的计时器显示，此时距离比赛结束还有 8.8 秒。湖人暂停后底线发球，科比利用了加索尔一个掩护接奥多姆传球，距三分线一步的地方，跃起，投射，皮球离开他的手掌之后在空中旋转飞行，留下一道完美的弧线，最后像计算过一般精确地落入了篮筐。这是科比在当晚通过 19 次出手赚到的第 32 分，但更神奇的是，湖人 99 比 98 反超比分，最后时刻梅奥绝杀失败，湖人险胜。科比用绝杀从熊掌中抢走了自己职业生涯第 1000 场常规赛的胜利。

15 科比 VS 黄蜂

2006年12月30日 /三加时58分惜败

山猫（于 2014 年 5 月，更名为“黄蜂”）虽然是联盟战绩最差的球队之一，但他们可以说是“巨人杀手”，那个赛季败在他们手下的有爵士、活塞、马刺、魔术和骑士等。上一次交手时，湖人就败给了山猫。这场比赛一开始，科比就一反常态，大举进攻。尽管当家球星状态火热，但是湖人的防守可谓是千疮百孔，经过三个加时的鏖战，科比砍下 58 分，但是在第三个加时赛中 6 犯离场，湖人也以 124 比 133 不敌对手。

湖人 VS 黄蜂数据

最高得分：58 分［山猫时期］（2006 年 12 月 30 日）

场均数据：27.2 分 /5.2 篮板 /4.4 助攻（共 20 场）

16 1.科比VS凯尔特人

2010 年总决赛 / 黄绿大战，巅峰救赎

当 2007/2008 赛季总决赛第七场湖人在北岸花园败走之后，所有的湖人球迷都等着这一时刻的到来。从 1 比 1 到 2 比 1 到 2 比 3 到 3 比 3 再到第七场落后 13 分可谓是一波三折惊心动魄，总决赛第七场末节的关键时刻，面对斯台普斯全场“Kobe，Kobe……”的激励，进攻端表现低迷的科比终于爆发出最后的力量，完成救赎。整节他拿下 10 分，全场比赛抢下 15 个篮板，帮助湖人以完美的方式复仇，取得自己的第五个总冠军。

LAKERS
24
MAZING IS THE

08.5
5

NBA

湖人VS凯尔特人数据

最高得分：43分（2006年3月21日、2007年2月1日）

场均数据：25分/5.1篮板/4.4助攻（共31场）

16 2.科比VS凯尔特人

2010年2月1日 / “Give me the damn ball！”

北岸花园球场，科比全场22投仅8中得19分，比赛还有17.6秒，在这之前科比面对篮筐一对一摆脱后跳投，都是被篮筐前沿无情拒绝，但偏执的科比依然大吼“Give me the damn ball！”“Beat LA”的喊声响彻球场。凯尔特人依然保持着一分的领先优势，雷阿伦贴身防守防的足够出色，却不能阻止科比终场前7.3秒以高难度的后仰投进了最后一粒足以扭转乾坤的进球，再次将凯尔特人捅倒。

17 科比 VS 太阳

2006年5月1日 / 科比神奇双绝杀

季后赛首轮第四场较量，在常规时间还有6秒时，湖人落后3分，纳什出现失误被抢断，科比接到传球一路奔袭直插腹地，在还有0.7秒时以一个难度极大的上篮将比赛拖入加时。加时赛双方依然杀得难分难解，比赛最后11.7秒，太阳领先1分并拥有球权，纳什加速运球，奥多姆和沃顿一直追着并成功将那什逼入中线死角，沃顿造成纳什本场比赛的第二次失误。科比抢到沃顿争球拨出的球，高速推进至罚球线附近，在迪奥和贝尔头上急停后仰跳投命中完成致命一击，力挽狂澜绝杀对手，以大比分3比1领先太阳。湖人们肆意庆祝这场来之不易的胜利，背后，只剩下纳什们落寞的背影。

湖人VS 太阳数据

最高得分：51 分（2006 年 4 月 8 日）

场均数据：26 分 /5.8 篮板 /5 助攻（共 64 场）

18 科比 VS 勇士

2007 年 3 月 26 日 / 科比仅得 43 分

这是科比连续四场 50+ 之后的第五场对阵勇士，赛前老尼尔森放出豪言：绝不能让科比在勇士身上创纪录，于是勇士在全场比赛中疯狂地夹击和防守科比，33 投 15 中，11 罚 9 中，科比“只”砍下 43 分帮助湖人 115 比 113 击败来访的勇士，湖人队 5 连胜，但科比的连续 50+ 之旅，却暂时打住。

赛后，时任勇士主帅的老尼尔森对于能够把科比的得分控制在 50 分以下感到庆幸：“把他（科比）的得分控制在 43 分，感谢上帝。”

湖人 VS 勇士数据

最高得分：51 分（2000 年 12 月 7 日）

场均数据：27 分 /5.2 篮板 /4.7 助攻（共 58 场）

19 1.科比 VS 国王

2000/2001 赛季 /48 分 +16 个篮板

在这场比赛开始之前，湖人已经在这个系列赛中取得 3 比 0 的领先优势，而且他们在将近 6 周的时间内更是没有输过球。韦伯、佩贾、迪瓦茨、白巧克力领衔的国王并没有给上届冠军太多的压力。

科比打满 48 分钟，以超过 50% 的命中率砍下 48 分 16 篮板 (其中前场篮板 9 个)，帮助湖人 119 比 113 战胜对手，顺利晋级决赛。值得一提的是，科比在赛前还奔波于洛杉矶和萨克拉门托两地，为了照顾生病的瓦妮莎。

192.科比 VS 国王

2002 年西部决赛 / 抢七晋级总决赛

常规赛西部第一的国王在西部决赛遇上已经两连冠的湖人，这个系列赛可以说是巅峰时期的“OK组合”与史上最牛的国王之间的激情对决。第一场比赛湖人有惊无险地拿下了比赛，接着发生了戏剧性的一幕，科比在萨克拉门托遭遇食物中毒，严重脱水。尽管科比依然带伤坚持比赛，但表现却大打折扣，湖人也连输了 2 场。比赛从第四场开始进入高潮，国王半场领先湖人达 20 分，但是下半场湖人火力全开，最终依靠霍里的奇迹般的绝杀将大比分扳平。第五场毕比的绝杀让国王离总决赛只有一步之遥。在充满争议、迷雾重重的第六战，“OK组合”大放异彩，将比赛拖入抢七大战。在抢七大战中，双方几十次交替领先，随着韦伯的三分不中，比赛被拖进加时。这是 NBA 历史上第一次进抢七加时的赛区决赛，最终顽强的湖人队笑到了最后，科比七场比赛的得分分别为 30、22、22、25、30、31、30，经历了生死鏖战的湖人在此之后也顺利实现了自己的三连冠。

湖人VS 国王数据

最高得分：51 分（2006 年 1 月 20 日）

场均数据：26.5 分 /5.9 篮板 /5.2 助攻（共 64 场）

193.科比 VS 国王

2010 年 1 月 3 日 / 科比 0.1 秒三分绝杀

比赛还剩下 4 秒，湖人仍落后国王 2 分，球权在湖人手里。国王对科比盯得很紧，最后被迫由加索尔接球，国王两名后卫的迫切求胜让他们选择了包夹加索尔，这也让加索尔找到机会顺利将球交给了科比。科比稍作调整，在左侧底角附近将右手轻轻一扬，皮球仿佛长了眼睛似的直奔篮筐而去。球离开科比手指的时候，正好0.1秒，且最终稳稳入网，三分绝杀！科比高举双臂，湖人以 109 比 108 战胜国王。

场和小牛的比赛中创下的个人职业生涯单节最高得分纪录，而这一节 100% 的投篮命中率也让这个纪录更有含金量。

湖人VS 爵士数据

最高得分：60 分（2016 年 4 月 14 日）

场均数据：25.8 分 /4.5 篮板 /4.3 助攻（共 60 场）

21 1.科比 VS 开拓者

2000年西部决赛第七场 /三双+经典助攻

那个赛季的开拓者堪称全明星阵容：皮蓬、萨博尼斯、邦奇·威尔斯、拉希德·华莱士、小奥尼尔等，但依然无法阻挡“OK 组合”的光芒四射。湖人与开拓者之间的西部决赛到了最关键的第七场，此前湖人在 3 比 1 领先的大好局面下被开拓者扳平了总比分，气势如虹的开拓者在第七场比赛中掌握着主动权。第四节湖人一度落后 15 分之多，科比在第四节挺身而出上演绝地反击，帮助球队 89 比 84 战胜开拓者，而助攻奥尼尔的那记空接传球更是堪称经典。

湖人VS开拓者数据

最高得分：65分（2016年4月14日）

场均数据：30.2分/6篮板/4.5助攻（共62场）

21 2.科比 VS 开拓者

2004年4月15日/科比上演双绝杀

常规赛最后一战，对手是老冤家开拓者。湖人如果输掉比赛，常规赛排名将跌至第四，反之则保住第二，所以这场比赛的重要性不言而喻。然而在比赛结束前几秒，湖人还落后3分，科比在最后时刻面对自称为“科比终结者”的帕特森，在身体完全失去重心的情况下以一记神奇的远投将比赛拖入加时，而在第二个加时赛结束前1秒，科比在当季盖帽王拉特利夫头顶接球后仰命中三分球，湖人以105比104险胜。凭借科比的神奇绝杀，湖人确保了西部第二的位置。赛后奥尼尔透露科比在暂停时对他说的话：“给我做好挡拆，我带你们回家。”

21 3.科比 VS 开拓者

2007年3月17日 / 科比65分打爆罗伊

22 1.科比 VS 小牛

2005年12月21日 / 科比三节62分

这个夜晚对于小牛队众将而言绝对是一个噩梦。科比滚烫的手感犹如洪水猛兽般融化了一切阻碍，半场结束时科比已经拿下32分。而一切远未结束，第三节科比滚烫的手感丝毫没有降温，他在这一节拿下恐怖的30分，小牛队主帅“小将军”约翰逊用了四套阵容去冷却科比滚烫的手感，但结果都失败了。科比只用三节便砍下62分，比小牛全队得分还高一分，整整第四节科比都坐在场下享受胜利的喜悦和球迷的欢呼。

“禅师”也对科比的表现大加赞赏：“我看到过一些单场拿下60分的比赛，但从未遇到过在第三节结束前就完成这一创举的。”

谈到科比惊人的表现时，“小将军”约翰逊感到无奈：“我们根本拿他毫无办法，我们试图通过两人包夹防守他，我们也想给他设了陷阱，但一切都不奏效。今晚他用自己的方式战胜了我们。”

LAKERS
BRYANT
8
mavs
41
LAKERS
3
McDonald's
McDonald's
McDonald's
McDonald's
McDonald's
TOYOTA
LAKERS
1
31
mavs
SUBWAY

Sempra Energy
TOYOTA
LA DAL
6 4
PEPSI
FSN
NOWITZKI
41

22 2.科比 VS 小牛

2002年12月7日 /落后 27 分大逆转

这本是一场再普通不过的常规赛，但最终却演变成一场湖人实现惊天逆转的比赛。在第三节比赛开始不久，科比在激烈的拼抢中拉伤了腹股沟，但是他拒绝了主教练要求将他换下场的安排。面对球队前三节落后 27 分的窘境，此前手感不佳的科比在这一节迎来爆发，砍下全场 27 分中的 21 分，率队打出 21 比 4 的高潮，并在终场前 8.4 秒依靠一个漂亮的转身跳投锁定胜局，绝杀此前只败过一场、在西部联盟排名第一的小牛队。

湖人VS 小牛数据

最高得分：62 分（2005 年 12 月 21 日）

场均数据：24 分 /6.1 篮板 /4.5 助攻（共 60 场）

23 科比 VS 公牛

2009 年 12 月 16 日 / 带伤拿下 42 分

在之前对阵爵士时，科比伤病交加表现低迷，但本场比赛他依然带着指伤登场。第一节就火力全开拿下 20 分，全场 26 投 15 中拿下赛季最高的 42 分。在比赛还剩 39 秒时，他晃开防守球员换左手投篮命中，确保了湖人的领先，最终湖人以 96 比 87 击败公牛。

湖人 VS 公牛数据

最高得分：43 分（2005 年 11 月 21 日）

场均数据：23.7 分 /5.4 篮板 /4.5 助攻（共 31 场）

湖人VS 鹈鹕数据

最高得分：50 分 [黄蜂时期] (2007 年 3 月 24 日)

场均数据：26.6 分 /5.3 助攻 /4.7 助攻 (共 41 场)

24 科比 VS 鹈鹕

2007 年 3 月 24 日 / 连续四场 50+

新奥尔良球馆，湖人与黄蜂的酣战进行到比赛结束前 5 分 13 秒，黄蜂不断地用三分球和 2+1 将分差缩小到个位数，科比在一次必须得分的进攻中在圈顶持球发起进攻。这时候黄蜂已经形成了双人夹击，科比没有退缩，他高高跃起用一个高难度的后仰投篮将球射出去，皮球画了一个完美的弧线直落网窝。这一球不仅仅稳定住了湖人的军心，同时让他的得分达到 50 分，这是一个载入湖人史册的纪录——这一天，科比上场 47 分钟，29 投 16 中，罚球 16 罚全中，砍下 50 分，帮助湖人以 111 比 105 战胜黄蜂。他已经连续四场比赛砍下 50 +，在 NBA 历史上，仅有两名球员可以能够连续在 4 场比赛上砍下 50 +，科比的表现令黄蜂队主场的球迷看得如痴如醉，现场解说员忍不住兴奋地高呼：“科比创造了历史！”

25 科比 VS 骑士

2006 年 1 月 13 日 / 全场 27 分绝杀骑士

又一场 23VS24 的经典对决，科比全场拿下 27 分，勒布朗则是 28 分。正常比赛的比分都是相当胶着，真正的对决发生在比赛的最后两分钟。科比干扰勒布朗的传球，成功抢断后助攻乔治三分命中；科比在三分线外拿球，勒布朗分毫不让，科比以一记漂亮的击地传球给了篮下的奥多姆，奥多姆的上篮造成犯规 2 罚 1 中；接下去则是科比的 showtime，连续单挑詹姆斯，连续命中三个跳投，最终湖人也凭借科比在最后时刻的高光表现，以 99 比 98 战胜骑士。

湖人 VS 骑士数据

最高得分：47 分（2001 年 1 月 31 日）

场均数据：23.3 分 /5.6 篮板 /5 助攻（共 34 场）

261.科比 VS 篮网

2001 年 2 月 14 日 /2+1 助球队取胜

这本应是属于“独狼”马布里的夜晚，他全场砍下 50 分，然而科比并不愿充当配角，即使他全场 38 分 8 个篮板 5 次助攻的表现不及马布里的 50 分 12 次助攻抢眼，但是在加时赛的最后时刻，科比在两队激战至 110 平时挺身而出，成功打成一个 2+1，最终帮助湖人以 113 比 110 险胜对手。

26 2.科比 VS 篮网

2002 年总决赛 / 湖人实现三连冠

在西部决赛经历了七场地狱试炼般磨砺的湖人，在与篮网的总决赛中始终占据着主导地位。当时篮网的主帅，正是拜伦·斯科特。基德、马丁、杰弗森、范霍恩尽管拼尽全力，但是在巅峰时期的“OK 组合”面前却成为徒劳。最终湖人 4 比 0 横扫篮网，轻松实现三连冠伟业。

湖人 VS 篮网数据

最高得分：46 分（2005 年 11 月 28 日）

场均数据：22.4 分 5 篮板 5.1 助攻（共 27 场）

27 1.科比 VS 魔术

2004年11月13日 / 科比骑扣霍华德

这本是一场再普通不过的常规赛，但是当科比利用奥多姆的掩护过掉两名防守球员，杀进内线。此时，霍华德立即冲上前进行补防，却被科比直接骑在脖子上，用手死死地摁在胯下，当霍华德听到脑袋上方“哐当”一声巨响时，科比已经完成了这记具有历史意义的扣篮。这记堪称“死亡之扣”的骑扣，被 NBA 官方评选为 2004 年度 NBA 最佳扣篮。

之后霍华德回忆道：“当科比在我新秀赛季完成那个扣篮后，他就再也没有尝试过。那将成为他职业生涯里最棒的扣篮，那个扣篮非常暴力。我希望自己当时能起跳。但如果我知道最后的结果，我会对他犯规，并把他送上罚球线，而不是被印在海报上或者生日蛋糕上。”

湖人VS 魔术数据
最高得分：41 分（2004 年 11 月 13 日）
场均数据：25 分 /3.7 篮板 /3 助攻（共 29 场）

272.科比 VS 魔术

2009 年总决赛 / 场均 32.4 分

2008 年总决赛，湖人在抢七大战中倒在死敌凯尔特人脚下，在整个 2008/2009 赛季，湖人们都憋着一口气，一路过关斩将再次来到总决赛的舞台。然而，科比和湖人并没有遇到他们想要遇到的对手。尽管大家一致认为湖人将轻松战胜魔术夺冠，但霍华德、特科格鲁、刘易斯带领的魔术队顽强反击，给湖人带来了不少麻烦。科比在这个系列赛中所表现出的领袖能力已经足以让他比肩近 30 年来那些伟大的球星们，科比以自己的行动感染着队友，个人进攻或助攻队友掌控比赛全局。防守上，无论一对一还是对霍华德协防的限制上都十分出色。五场比赛科比分别拿下 40 分、29 分、31 分、32 分、30 分，成为无可挑剔的总决赛 MVP。

28 科比 VS 尼克斯

2009年2月3日 / 科比创单场得分纪录

这是一场典型的科比式比赛，个人飙中 61 分，打破伯纳德·金在 1984 年 12 月 25 日创下的 60 分得分纪录，超过了迈克尔·乔丹创下的客队球员得分纪录 55 分。这一纪录直到 2014 年才被安东尼的单场 62 分超越，但科比的 61 分依然是客队球员在麦迪逊花园的单场最高得分。全场比赛科比 31 投 19 中，20 次罚球全中，科比像刚从炼狱中出来的天使，这位炼狱天使面对着对方的防守，无论是理查德森、哈普灵、大卫·李都不能熄灭科比从炼狱而来的火热手感，科比在尼克斯防守一方的领地上的予取予求，即使对方两三名防守者一拥而上，科比也仍能投进或是获得罚球。

科比的表现不单帮助湖人 126 比 117 战胜尼克斯，更令座无虚席的麦迪逊花园球迷为之倾倒，MVP 的呼喊声响彻全场。

湖人VS 尼克斯数据

最高得分：61 分（2009 年 2 月 3 日）

场均数据：26.5 分 /5.3 篮板 /4.2 助攻（共 34 场）

湖人VS 热火数据

最高得分：42 分（2004 年 12 月 26 日）

场均数据：23.8 分 /4.5 篮板 /4.2 助攻（共 33 场）

29 科比 VS 热火

2009年12月5日 / 打板三分绝杀热火

这是 NBA 联盟最好的两个得分后卫电光火石般的碰撞，这场比赛堪称是两人交手的经典一战。时间还剩 3.2 秒，科比本场的第 5 次个人犯规送韦德走上罚球线，韦德两罚一中，湖人落后两分。阿泰在边线发球将球交给科比，科比接球后在韦德的盯防下运球至圈顶距离三分线还有一米的地方，科比直接跃起，漂移、后仰、骑马射箭、在身体

30 科比 VS 爵士

2016 年 4 月 14 日 / 生涯最后一战

自从科比在 2015 年 11 月 30 日对阵步行者的赛前宣布退役后，整个洛杉矶和 NBA 就开始了与科比漫长的告别。这一天，万众瞩目的退役告别战如期而至。众多名宿及科比前队友前来参加科比的告别仪式。

之前因为伤病打打停停的科比仿佛是要在这最后一战燃尽自己所有的火焰。一开场就展现出强烈的进攻欲望。在科比的职业生涯中，总有一种声音批评科比自私低效，但是在这最后一战，所有人都希望看到那个无所不能的科比。奥尼尔曾和科比开玩笑，希望科比在最后一战能得到 50 分，科比笑着拒绝了。随着比赛不断地进行，科比一次次地攻击篮筐，身体却也越显疲惫，湖人也一度落后爵士两位数。当爵士跟之前大部分湖人的对手一样觉得可以轻松拿下比赛的时候，科比脸上严峻的表情，似乎在向斯坦普斯的观众传递着信息。在“Mamba Day”，显然科比无法接受这样的失败，所有人的内心都在期待这一刻的到来。接下去就是科比的 Showtime，无解的三分，高抛打板命中，灵蛇般突破后的急停跳投命中，就像之前无数次上演的那样，那个嗜血的“黑曼巴”又回来了。在比赛还剩 33 秒时再是迎着防守稳稳地命中一记中投，湖人 97 比 96 领先。最后 14.8 秒，科比完成两次罚球，拿到个人本场比赛的第 60 分。

职业生涯第一分来自于罚球，单场砍下第 81 分来自于罚球，总得分超越乔丹用的是罚球，最后用一记充满历史意义的罚球结束职业生涯。始于罚球，终于罚球，这是上帝最完美的安排。

职业生涯最后一战，60 分，大逆转，第四节近乎疯狂的表现，科比，难说再见！传奇，永不落幕！

LAKERS
24
WITHEY
24
JAZZ
23
UTAH

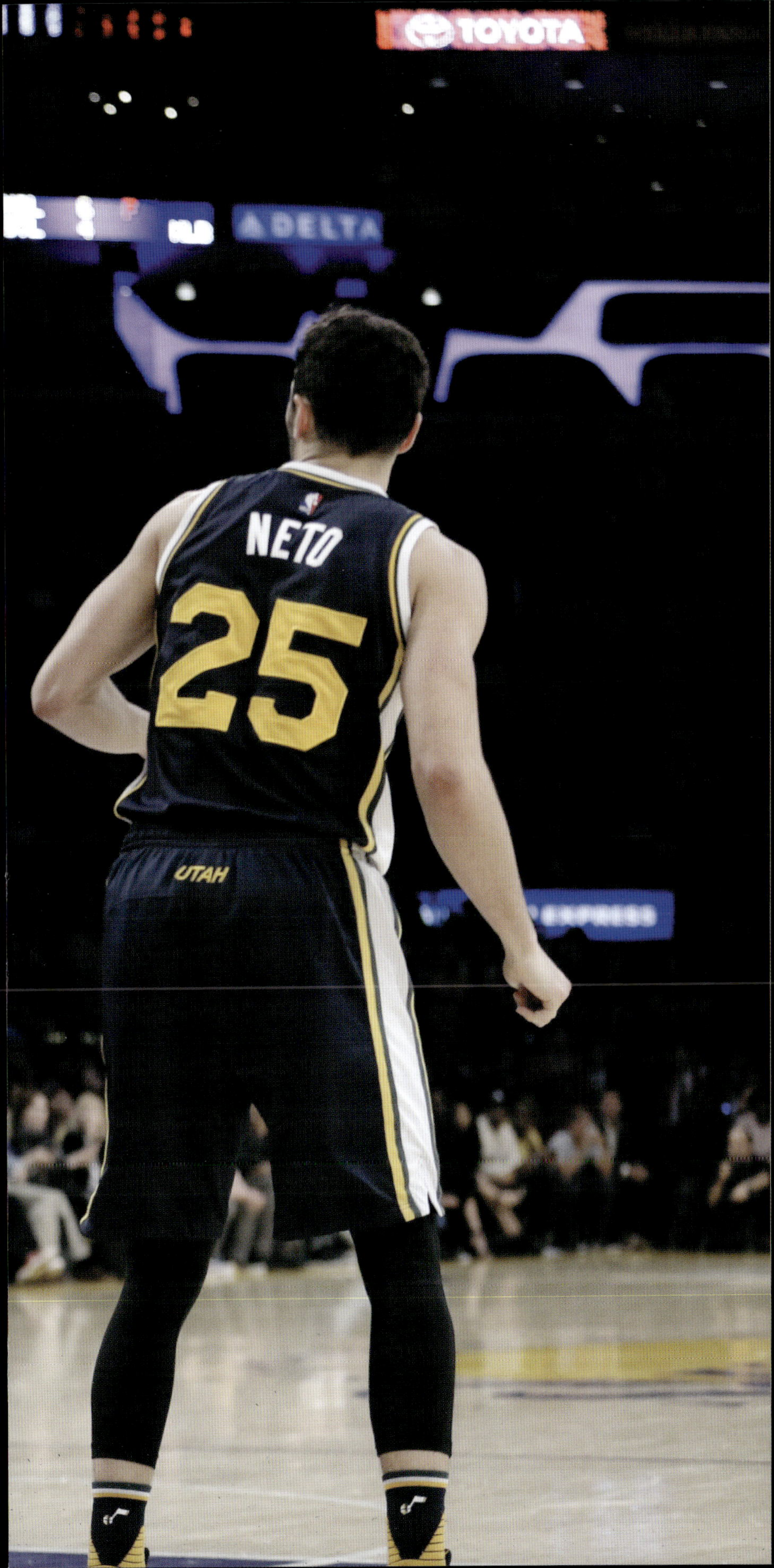
TOYOTA
DELTA
NETO
25
UTAH

BRYANT

SPALDING

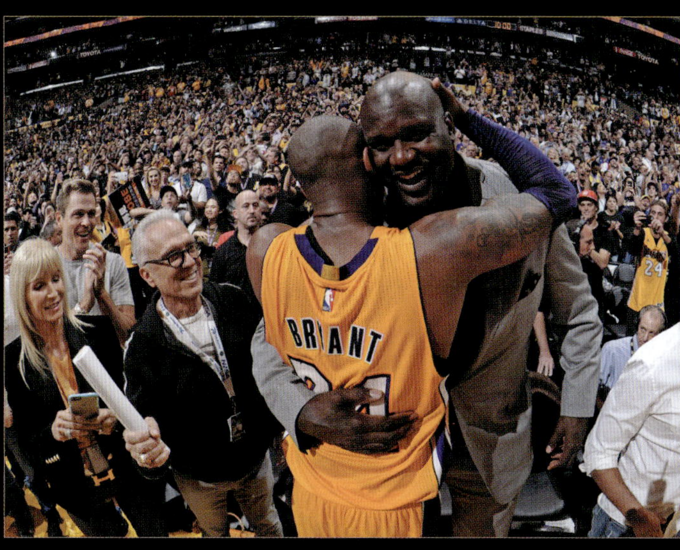

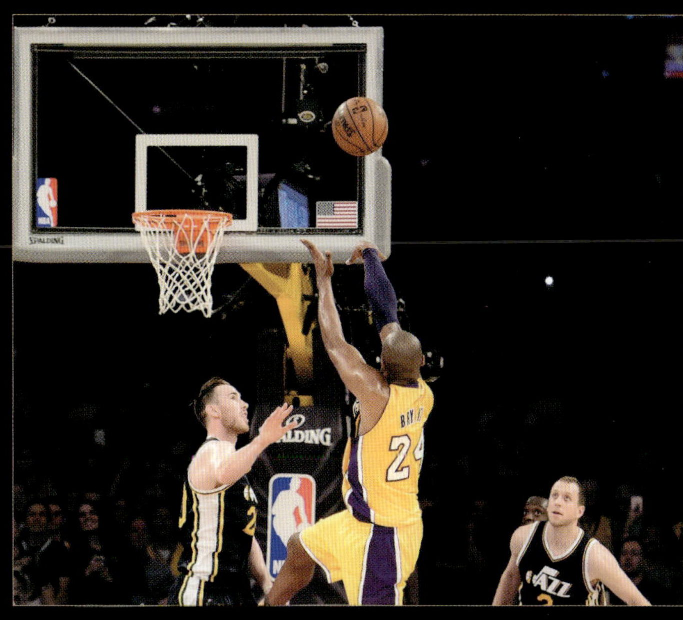

KIA
30
CURRY

科　比　全　明　星　赛　记　录

星中之星
1998—2016

K O B E　B R Y A N T

职业生涯连续 18 次入选全明星首发，因伤缺席其中三次。曾四次夺得全明星赛 MVP，追平 NBA 纪录。三次票王，NBA 总得分王……在这个全世界最大的篮球舞台，科比留给我们无数的回忆！

adidas
2011
THE
WEST
24
NBA
KIA
MOST
VALUABLE
PLAYER
ALL ☆ STAR GAME

科比全明星之旅 & 四次全明星 MVP 札记

2011 年洛杉矶全明星赛，恰逢第 60 届，作为东道主兼票王的科比砍下 37 分 14 个篮板，率领西部以 148 比 143 战胜东部，荣膺此届全明星赛 MVP。

继 2002 年费城，2007 年拉斯维加斯和 2009 年菲尼克斯之后，科比第四次捧起全明星 MVP 奖杯。追平了鲍勃·佩蒂特，力压三次获得全明星 MVP 的乔丹、罗伯特森和奥尼尔，成为史上获得全明星 MVP 次数最多的球员。

1997 年，他是青涩的菜鸟，在众人质疑的目光中踏上全明星的舞台，而之后的 19 年间，他入选过 18 次首发阵容，并成为荣膺 4 届全明星 MVP 的天王巨星，享受众星捧月、万人膜拜的至尊礼遇。

一路走来，星光异彩，科比的全明星之路可谓风光无限。

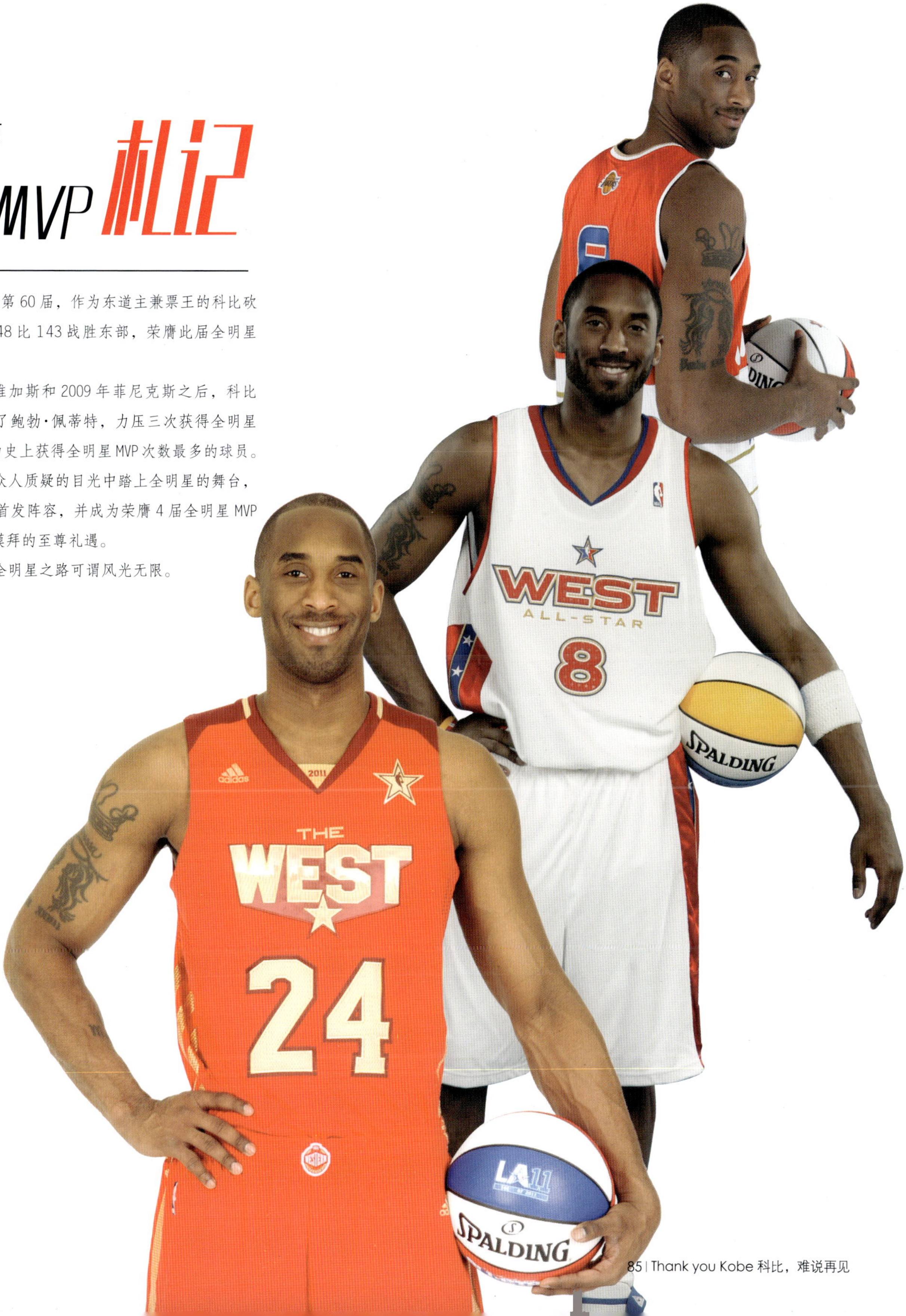

1998年纽约全明星赛

挑战乔丹

NEW YORK ALL-STAR GAME

首次参加全明星
初生牛犊不怕虎
全明星叫板飞人

虽然在新秀赛季科比就参加了扣篮大赛并赢得冠军，但这是科比第一次进入全明星正赛，而且是首发出场。年仅 19 岁的科比，成为当时历史上最年轻的全明星首发球员。面对迈克尔·乔丹、格兰特·希尔、卡尔·马龙、大卫·罗宾逊等前辈，科比并没有怯场。正所谓“初生牛犊不怕虎”，科比在那场比赛中敢于挑战前辈：与乔丹直面交锋，让马龙闪开不要挡拆。那场全明星赛让全世界都深深记住了这个顶着爆炸头的年轻人。科比全场 16 投 7 中，得到西部最高的 18 分，还有 6 个篮板 1 次助攻 2 次抢断。

LAKERS
8
SONICS
20
JAZZ
32
BULLS
23
CAVS
Magic
1

2002年费城全明星赛

首登星巅

PHILADELPHIA ALL-STAR GAME

第一次全明星 MVP 衣锦还乡归费城 一功成名就夺星魁

2001 年总决赛，湖人兵不血刃地以 4 比 1 击败 76 人拿下总冠军，这点始终让费城球迷耿耿于怀，他们无法接受在费城出生的科比打败“费城英雄”艾弗森。科比顶着巨大压力在家乡球迷的嘘声中登场，砍下 31 分 5 个篮板 5 次助攻，带领西部取胜，他也凭借精彩的表现拿下职业生涯第一座全明星 MVP 奖杯。

WELCOME TO COMCAST
BRYANT
First Union
NBA ALL-STAR 2002
got milk?
MOTOROLA

2007年拉斯维加斯全明星赛

赌城之巅

LAS VEGAS ALL-STAR GAME

第二次全明星MVP 全能飞侠完美捧杯 对飙皇帝扬威赌城

这是科比改换 24 号之后的首次全明星赛。事实上，这届全明星赛西部有多位球员都打出了 MVP 级别的表现，尤其是斯塔德迈尔。科比全场拿下 31 分 5 个篮板 5 次助攻 6 次抢断，小斯则是 29 分 9 个篮板，MVP 最可能在两者中产生。科比在比赛最后时刻将球传给在三分线外守候多时的小斯，但后者三分不中。科比获得个人第二个全明星 MVP 奖杯。

West
24
East
2
East
4

OK 携手

PHOENIX ALL-STAR GAME

IV

2009年菲尼克斯全明星赛

第三次全明星MVP
昔日仇敌一笑泯恩仇
共享殊荣冰释前嫌

这是奥尼尔全明星赛的告别之战，主角是和解的科比和奥尼尔。科比在这届全明星赛上表现抢眼，全场砍下 27 分。最令人难忘的是，他和昔日搭档奥尼尔一起捧起 MVP 奖杯。科比也追平了乔丹在全明星赛 3 次获得 MVP 的纪录。赛后，奥尼尔感叹："感觉回到了以前。我很怀念（OK组合）那段时光。"

WEST
32

WEST
24
EAST
12
EAST
23

34
PIERCE
32

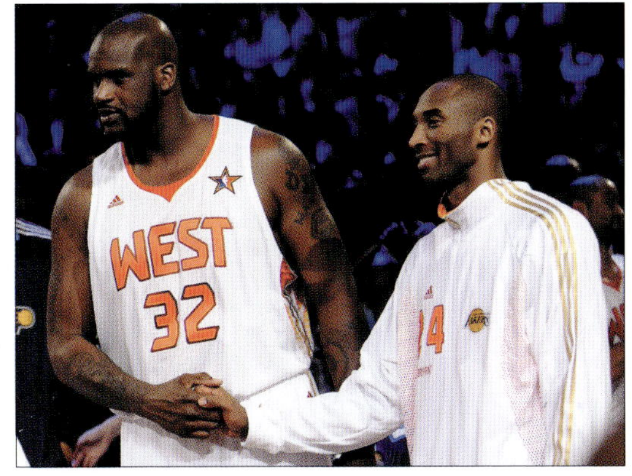

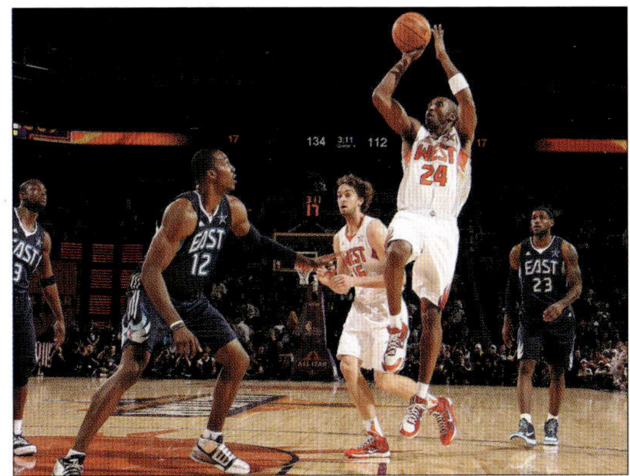

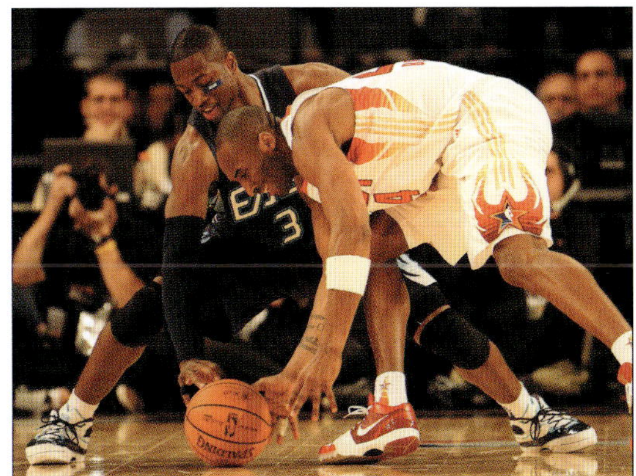

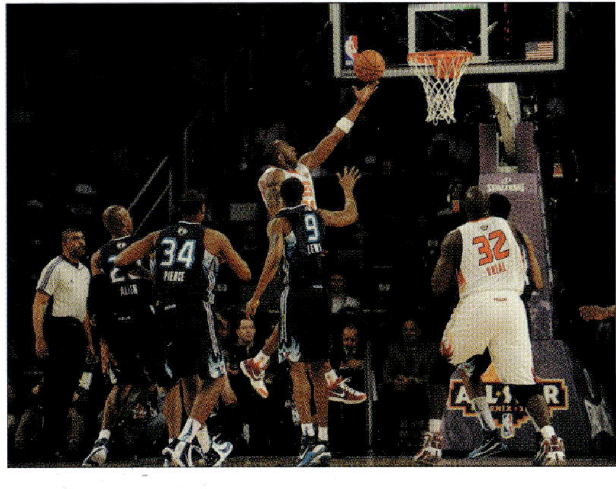

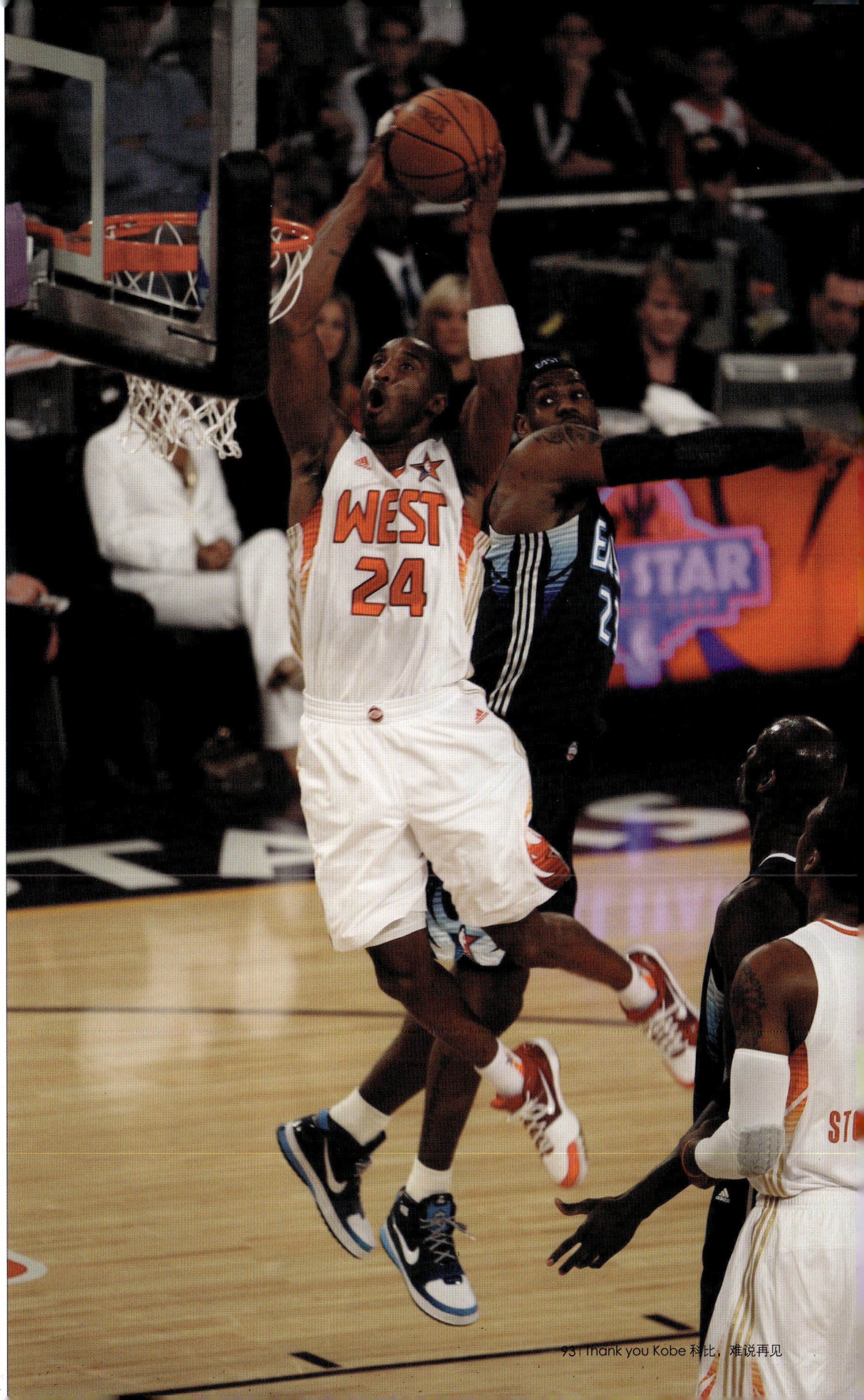
WEST
24
STAR

2011年洛杉矶全明星赛

巅峰对决

LOS ANGELES All-STAR GAME

第四次全明星MVP
曼巴吐信誓不言败
隔扣詹皇巅峰一战

科比是这届全明星首发阵容中唯一的70后，也是第13次参加全明星赛。在自己的主场参加全明星赛，“洛城之王”科比也展现出了主人的姿态。凭借着37分14个篮板的出色表现，科比获得了个人第4座全明星赛MVP奖杯，成功超越奥尼尔、奥斯卡·罗宾逊以及乔丹，与鲍勃·佩蒂特并列成为NBA历史上全明星MVP最多的球员。

“在主场球迷面前打全明星赛感觉很棒。”科比赛后说道，“这将是我最后一次在这些主场球迷面前打全明星赛。所以很高兴能成为MVP。”

KIA

2016年多伦多全明星赛

万人膜拜

TORONTO ALL-STAR GAME

最后一次全明星参赛
终有一别传奇落幕
万人空巷致敬英雄

这是科比职业生涯最后一次全明星之旅，科比连续 18 次入选全明星首发，继续创造 NBA 纪录。在全明星的舞台上，虽然每年都人来人往，但有些人值得被单独纪念，他们的离开意味着一个时代的终结，一个新的开始。正如詹姆斯所言："20 年的传奇，他理应获得这样的荣誉和膜拜。"

赛前媒体和 NBA 官方极尽造势，但主角科比却只是轻描淡写。"我已经不会逼自己玩真的了，享受比赛最重要。"科比说，"我真的很开心，看看屋子里这些超级球星，有的在我打第一届全明星时才四五岁。有多少人能说打了 20 年，见证 NBA 三四代人。所以，这一点也不伤感，我很高兴也很荣幸一直都在。"

全场科比打了 26 分钟拿到了 10 分 6 个篮板 7 次助攻，11 次出手是西部首发中最少的，7 次助攻是除了保罗外更愿意分享的球员。和詹姆斯的单挑，是一种惺惺相惜的告别，与加索尔的攻防表演，更像是对自己职业生涯美好时光的怀念。在联盟打拼了 20 年的传奇巨星，正在以最朴素的方式向全世界告别。

ALL-STAR
WEST
TORONTO CANADA
ALL-STAR
EAST
TORONTO CANADA
NBA TV
SPALDING

DURANT
5
USA
10

两 届 奥 运 冠 军 全 记 录

KB24 救赎之路 2008 & 2012

K O B E B R Y A N T

两次入选梦之队，两枚奥运金牌，科比的梦之队生涯堪称完美。他为球队注入的不仅是战斗力，更重要的是科比那种对胜利近乎偏执的精神感染着球队，让梦之队最终重回世界之巅。

USA
10

科比2008年北京奥运&2012年伦敦奥运札记

五场小组赛比赛，美国队轻松过关，其中在和西班牙的关键较量中，以119比82取得大胜。小组头名出线，梦八队在1/4决赛的对手是澳大利亚队，科比成为比赛的主宰者，他砍下全队最高的25分，率领美国队以116比85昂首晋级四强。

四年前，美国队在半决赛中不敌阿根廷，吉诺比利的妖刀突破和凌厉远投让拉里·布朗无可奈何。在北京，科比主动请缨盯防吉诺比利。但令人惋惜的是，马努开场不久便受伤下场，美国队以101比81兵不血刃，时隔八年重返奥运会决赛。

决赛中美国与西班牙上演巅峰对决，联袂奉献奥运史上最壮丽的一场决赛。西班牙队从开场就紧咬比分，美国队则靠着精准的三分保持微弱的领先。上半场“闪电侠”韦德独砍23分，而西班牙队的费尔南德斯也表现神勇，两人互飙三分的场面极为精彩。下半场，科比开始发威，美国队依然用快速反击和追身三分打击西班牙。第四节是真正的科比时间，“小飞侠”单节砍下13分，其中在西班牙将比分迫近到只差一分的时候，科比霸气的3+1定乾坤。进球后，科比嚣张的噤声手势成为梦八永恒经典，最终美国队以118比107获胜，时隔8年重新夺回奥运金牌。

八战全胜，场均净胜对手27.9分，梦八队的统治力超过了梦四队，直逼前三届梦之队。在北京，他们完成了救赎，也让梦之队的名号重新响彻全球。

2012年伦敦奥运会，科比作为美国男篮的带头大哥率队出征，这也是“飞侠”最后一次参加奥运会。老K教练给予科比高度评价，并让他八场比赛场场首发，在这支星光璀璨、大腕云集的梦十队中，科比并不是最闪耀的球员，但他总能在关键时刻力挽狂澜，帮助球队渡过难关。科比场均12.1分，屡屡上演暴走好戏，用完美的表现为自己的最后一届奥运会画上句号。在击败西班牙队获得金牌后，“老飞侠”亲吻着奖牌，幸福地回味着两届奥运会的美好点滴。

Kobe Bryant

2008 年北京奥运 &2012 年伦敦奥运

美西奥运巅峰争霸

01 美国 VS 西班牙

2008 年北京奥运会男篮决赛

梦之队自从组建以来，从不缺明星，更不缺冠军。但是自从 2000 年以后，梦之队已经连续三次无缘世界大赛冠军——2002 年、2006 年世锦赛和 2004 年奥运会。作为老 K 教练钦点的核心和这届梦之队的灵魂人物，科比也是首次披上国家队的战袍出征世界大赛。美国队一路所向披靡，直到在决赛中碰到加索尔领军的西班牙队。

在比赛的第四节，科比全场拿下 13 分及 3 次助攻，包括那记神奇的 3+1。比赛还剩 8 分钟，美国队以 91 比 89 领先 2 分；科比漂移两分，93 比 89；西班牙进攻无果，科比助攻德隆三分，96 比 89；西班牙再次进攻无果，科比助攻霍华德，98 比 89。比赛还剩 6 分钟美国队 98 比 92。科比底角三分命中，101 比 92。比赛还剩 4 分 45 秒，103 比 95，科比防守抢断加索尔。比赛还剩 3 分 14 秒，科比命中超远三分并造成犯规，108 比 99。比赛最后 1 分 15 秒，科比抛投两分再中，113 比 105。一连串的神奇表演一举为美国队锁定胜局。梦之队重回巅峰！

02 美国 VS 西班牙

2012 年伦敦奥运会男篮决赛

2012 年伦敦奥运会，科比再次代表美国队出战。34 岁，科比是这支“梦十”里最年长的球员。淘汰赛时，ESPN 就曾评论：“年迈的科比已经不适合在梦十队中首发。”结果，科比在对阵澳大利亚的四分之一决赛中，用行动做了反击，他在 67 秒内连续命中 4 个三分球。

这是美国队和西班牙队连续两届奥运会在决赛碰面。美国男篮赢得并不轻松，加索尔兄弟给美国队制造了相当多的麻烦，上半场结束时美国队只领先 1 分。第三节科比再次成为关键先生，面对卡尔德隆的单人防守，科比一个假动作之后变向加速杀入篮下，双手暴扣得手。接下去科比又在中路命中一记三分，1 分多钟后，科比直杀篮下造成西班牙队犯规，两罚全中。2 分钟内独得 7 分，美国队也重新取得场上优势。第四节，科比先是在三分线外造成费尔南德斯犯规，之后又用一记内线打板命中，帮助美国男篮将分差扩大到 10 分。科比全场拿下 17 分，美国队再次登顶！

“属于我的奥运会到此为止了。4 年后，这些年轻的家伙会在里约争夺金牌，我也许会来观战支持他们。”戴着第二枚奥运金牌，科比给自己的奥运之旅画上了一个完美的句号。

Kobe Bryant

2008 年北京奥运 &2012 年伦敦奥运

科比六大奥运瞬间

三十而立 2008 年北京奥运 Beijing Olympics

科比三十岁北京庆生

2008 年 8 月 23 日，是科比 30 岁的生日。中国人讲究“三十而立”，30 岁是人生中一道重要的门槛，如此特别的一天，科比把它留给了中国，留给了北京。

科比的 30 岁生日 party，虽不奢华，但很温情浪漫。陪他一起度过的还有妻子和女儿，当晚现场，他深吻娇妻，宠爱自己的女儿，举止之间尽现一位而立之年成熟男人的风范。科比是幸福的，生日这天，有美妻娇女围绕身边，有队友的同场祝贺，他用一个三十岁男人对家庭的热爱之情，呵护着妻女，场面十分感人。

当然，在 30 岁生日那天，科比还率领美国队战胜阿根廷队。美国男篮与阿根廷男篮的比赛，从 22 日一直打到了 23 日，当时针指向午夜 12 点的时候，“梦八”在第四节比赛中以 90 比 75 的比分领先阿根廷——暂停的时候科比正在座位上悠闲地等待着胜利。

比赛结束后，科比向看台上的观众挥了挥手，一场理所当然的胜利并没有让他激动万分。有记者问他：“比赛结束了，你也 30 岁了，在这样一场奥运会的半决赛中让自己从 29 岁过渡到 30 岁难道不兴奋吗？”科比说：“我觉得这很有意思，我没想到我会在奥运会的赛场上从 29 岁迈进 30 岁，一切都是那么有意义，胜利是我最好的生日礼物。”

USA
9
USA
12
10
Thank you
Guest

打四分 | 2008 年北京奥运 Beijing Olympics

四分制胜与噤声慑敌

2008 年北京奥运会男篮决赛，也是面对西班牙队，也是面对鲁迪，历史就是这么惊人的相似。双方战至第四节还呈胶着之势。终场前 3 分 10 秒，坚韧的西班牙队已经将比分追至 99 比 104，只落后 5 分，此时美国队组织进攻，科比在左侧 45 度三分线外接到从内线分出来的球直接跳起投篮，失去防守位置的费尔南德斯扑出来封盖。科比射出去的皮球稳稳命中目标，还造成了费尔南德斯的犯规，打成一次精彩的 3+1，科比还用一个噤声的手势 Hold 住全场，尽显王者的霸气。

最终，科比以 20 分 6 次助攻率领美国以 118 比 107 战胜西班牙队夺得金牌，而科比关键时刻的打四分和噤声手势，成为最为鲜亮的印迹。

2008 年北京奥运会，科比场均得到 15 分 2.1 次助攻 2.8 个篮板，8 场比赛投篮命中率为 46.2%。

三分雨 | 2012 年伦敦奥运 London Olympics

科比半场六记三分球

总是有一些人尝试着去挑战科比，但事实告诉我们，千万不要激怒“黑曼巴”……

2012 年 8 月 9 日，美国男篮碾过对手，顺利晋级半决赛。科比的表现，一度给了质疑他的人以口实，但最后一节的 67 秒内，他再次让质疑者闭嘴。无论在什么情况下，无论他的表现如何，科比总会用行动对那些批评者予以回击。

与澳大利亚队的男篮 1/4 决赛，科比上半场一分未得，下半场疾风骤雨般飙中 6 记三分，其中第四节在 67 秒内，科比投中了 4 个三分球，全场砍下 20 分。“有些事情令人生气，我必须予以回击。”科比赛后说，不过他没透露令他生气的是什么事。另外有趣的是科比在这场比赛之后，被拉去做了药检，原因很简单，他上半场一分未得，下半场却扔进 6 个三分。反差如此之大，引起了奥组委的注意也就实属正常了。

低调领袖 | 2012 年伦敦奥运 London Olympics

04 六大瞬间

科比无须用得分证明

相对于四年前的科比，第二次参加奥运会的他低调了许多，并且浑身散发着成熟男人的魅力。

四年前的北京奥运会，科比是全队的核心，场均贡献 15 分，还有 46.2% 的命中率。如今科比心中清楚，自己应该把战术核心的位置让给杜兰特或者詹姆斯等小辈，自己只需要发挥一个老将的作用，再拿一个奥运冠军就好。

“我不需要得高分，真的不需要，尤其是在这支球队。”科比说，“对我来说这很有趣，在比赛中我有机会做其他的事情，比如切断对手的传球路线，试验其他防守技巧等，我只需努力为球队做好自己的工作。”积极防守，配合队友，甚至站在场下充当啦啦队长，科比表示这都不是问题，即将迎来 34 岁生日的老科似乎过了争强斗狠的年纪，更何况有这样一帮出色的队友，他要做的就是享受比赛。“他在场上依旧精力集中，防守端也是身先士卒。”美国队得分王杜兰特说，“在进攻端，他明白我们队里有这么多球员可以得分。而他就把自己的精力投入到防守中，而需要他得分的时候，他也能把球投进。”

杜兰特说得没错，科比在伦敦从容淡定得多，但依然保持了一个杀手的本能。与澳大利亚队的 1/4 决赛，上半场他一分未得，但下半场投进 6 个三分球，狂飙 20 分。决赛鏖战西班牙，科比第三节灵剑出鞘，独得 7 分，帮助美国队稳住局面。

对于科比的改变和牺牲，美国队助理教练麦克米伦看在眼里：“科比已经打了两届奥运会，他明白勒布朗和杜兰特将会接他的班。而他的确是我们球队重要的一部分，对此他已经适应了。而这也是我们必须要做的，我们要适应每个人的角色，然后朝一个目标努力。”

关键先生 | 2012年伦敦奥运 London Olympics

05 六大瞬间

梦之队定海神针

都说科比这次伦敦之行的旅游成分大于比赛，当然这只是笑谈，在关键时刻，“黑曼巴”还是会露出他嗜血的本色。

2012 年 8 月 13 日，伦敦奥运会男篮决赛的巅峰对决上演。美国最终以 107 比 100 战胜老对手西班牙队，卫冕奥运会冠军。科比此役贡献了 17 分，并在最后关头扮演了关键先生。终场前 6 分钟，科比造成费尔南德斯犯规，三罚两中助美国队稳住局势。第三节“老飞侠”三分、突破和扣篮照单全收，独得 7 分，帮助美国队渡过最难熬的时段。

那届伦敦奥运会，隐忍低调的科比场均只得到 12.1 分，比四年前更少，但两届奥运会相同的是，他总在生死时刻发出最强音，1/4 决赛半场轰下 20 分，决赛砍下 17 分，数次化身关键先生，站出来力挽狂澜。科比是这支美国队的带头大哥，在这支年轻的队伍中，他就是定海神针。有了他在场上，队友们就会觉得特别踏实。

06 六大瞬间

金牌收官 | 2012年伦敦奥运 London Olympics

飞侠夺金告别奥运

2012 年 8 月 13 日，美国以 107 比 100 战胜西班牙队，时隔四年，美国男篮再次夺冠，卫冕成功。科比也拿到了职业生涯的第二块奥运金牌。而那次男篮冠军也是科比在奥运赛场上的收官之作。

“对奥运会上所有的运动员献上我诚挚的爱和敬意，而这也是我的最后一届奥运会了，我真的非常享受。努力训练吧！祝福你们好运！‘黑曼巴’已经退出了。”夺冠后科比在 Facebook 上发表了一篇文章，字里行间都透露着科比真挚的情感。这是科比最后一次参加奥运会，虽然可能会有些不舍，但最后一场的完美表现将会永远封存在球迷的记忆里。

01 六大灌篮 蛟龙出海 背扣惊煞金童

2008年北京奥运会男篮决赛见证了美国篮球重回巅峰的震撼，梦八队与西班牙队奉献了奥运会男篮历史上最经典的一次对决，跌宕起伏的进程，震撼人心的结局，当然少不了超级巨星力挽狂澜的杰作。科比在职业生涯的第一次奥运会决赛中表现完美，他在第四节贡献了13分，并用一记神奇的3+1为美国队重回世界之巅立下奇功。那场比赛，除了科比进球后嚣张的噤声手势外，在西班牙队禁区内的背身怒扣同样赢得满堂彩。科比蛟龙出海，在空中轻盈地反身背扣，让初出茅庐的"金童"卢比奥目瞪口呆。

Kobe Bryant

2008年北京奥运&2012年伦敦奥运

科比六大奥运灌篮

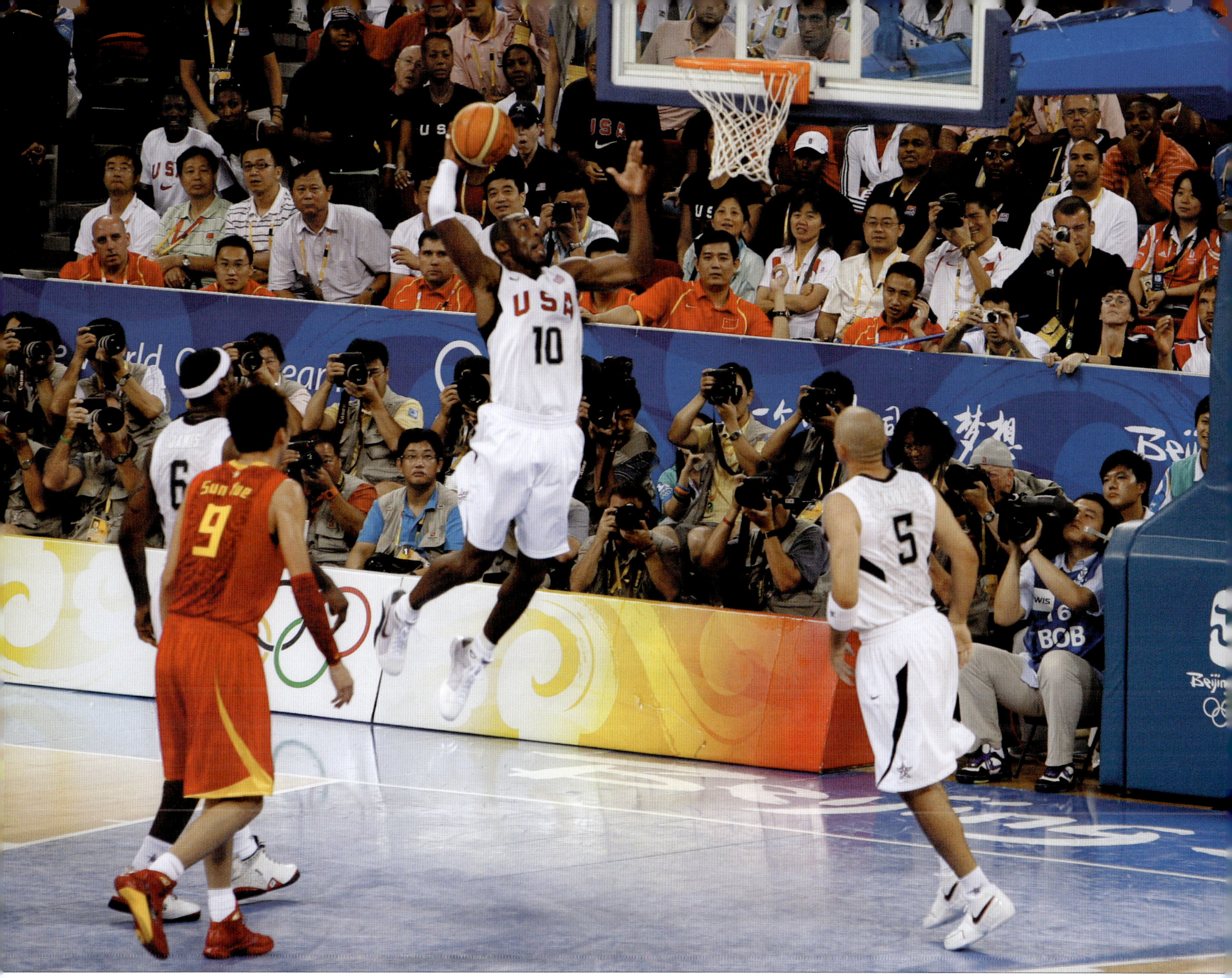

02
六大灌篮

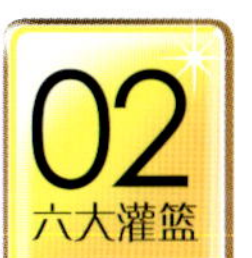

杀出重围
怒扣群雄无策

2008 年北京奥运会男篮揭幕战，中国队与美国队狭路相逢，这场比赛也是科比的奥运生涯首战。第一次登上奥运舞台的“飞侠”显得格外兴奋，多次在比赛中上演扣篮好戏。由于中美两国篮球实力相差悬殊，比赛中飞天遁地般的快攻怒扣比比皆是。科比在一次进攻中突破重围，在中国球员易建联和孙悦的联合夹防下扣篮得手。中国队队长刘炜索性在身后静静地瞻仰科比的潇洒飞扣，老将基德则对此情此景司空见惯……

03 六大灌篮 力劈华山 疾风劲走单手抡扣

还是同中国队的比赛，还是科比·布莱恩特，在完成那记滑翔双手暴扣后，科比又在快攻中接应传球，来了次招牌式的单手战斧劈扣。美国队后场断球成功，科比电光火石般杀到禁区，从容地接球起身，单臂抡扣，中国队球员回防不及时，只能目送“飞侠”又一次在球场上起飞。科比在这场比赛表现极为活跃，两次扣篮都给人留下了深刻的印象，这也难怪，毕竟开场就被姚明赏了记大帽，科比只能用扣篮来发泄心中的不爽。

04 六大灌篮 杀戮之扣 疯狂屠杀寂寞独舞

在伦敦奥运会小组赛中，梦十队以156比73屠杀尼日利亚对，创下美国队多项奥运会纪录，由于比赛在第一节就失去悬念，所以老K教练干脆让弟子们轮番上阵表演。科比在这场比赛中得到16分，表现非常高效。尼日利亚队不幸沦为美国队创造历史的背景帝，在狂轰滥炸中，科比象征性地打了一节半比赛。大多数时间他都是在场下为队友们欢呼呐喊，不过逮住机会轰炸篮筐的时候，“老飞侠”一点都不含糊。

这不，科比后场抢断后形成快攻一条龙，他就老夫聊发少年狂，奉献了一记漂亮的双手拉杆背扣，和四年前怒劈西班牙的扣篮如出一辙。尼日利亚队队员哭丧着脸不忍一看……

众神之巅
展翅滑扣巅峰

北京奥运会男篮决赛中，科比的另一记精彩灌篮与之前那记背扣如出一辙的是，“金童”卢比奥又一次成了奇迹的见证者。他的仰望动作、姿态和神情是那么相似，不知道是科比的扣篮太过销魂，还是摄像师捕捉镜头的能力独具一格，总而言之，在科比两次潇洒扣篮的背后，总少不了“金童”卢比奥的倾力陪衬。美国篮球在巅峰完成救赎，科比全场砍下 20 分，每一次表演都妙不可言。就记住这一次动人的扣篮吧，轻展双臂，顽皮吐舌，鲜衣怒马，力劈巅峰……

瞬息梦回
飞侠梦游仙境

科比奥运生涯中最精彩的一扣，来自伦敦奥运会与阿根廷队的半决赛中。“飞侠”两次参加奥运会，都遭遇到了阿根廷黄金一代的顽强阻击。四年前，他曾在赛前发誓要防死吉诺比利，但“妖刀”开场不久便因伤下场，让科比失去了与之对垒的机会。

四年后，吉诺比利王者归来，科比也得以再次和阿根廷“风之子”同台论剑。小组赛最后一战，杜兰特的 8 记三分成为焦点，科比仅得 11 分。

半决赛再遇阿根廷队，美国队早早确立优势，科比在百万军中取上将首级如探囊取物。上半场他便得到 13 分，其中这次，科比溜底线横移至篮下，面对吉诺比利和诺西奥尼的防守，“飞侠”从容地背身颜扣，一如 24 岁那样迅捷、勇猛。

可怜的阿根廷队内线完全被科比挤在身后，吉诺比利也已经被惊呆了，另一旁的队友钱德勒心里一定在嘀咕：“这家伙真有 34 岁了？”

难说再见

一代青春，一段传奇 球迷深情寄语科比

在科比结束二十年职业生涯的时刻，我们特此摘选了一些科迷和论坛中的寄语，以此来祝福科比……

●从明天开始，做一个快乐的科迷，喂马，劈柴，打铁，活在硬盘里。我不必每天早上起来就刷着推特更新科比和湖人的最新动态，不必每有湖人比赛就想方设法去观看，不必在凌晨起来看周日比赛，不必像个有强迫症的疯子那样去担心错过任何一条湖人新闻。

从此，再也不会有一支球队让我宁愿用期末考挂科来换取他们打进下一轮，再也不会有一个球员让我把整个青春期都耗在论坛上。

回顾是最好的纪念，让我们用画册回顾科比这20年的职业生涯。

——河人达达（我爱科比论坛站长）

●随着科比征战NBA20年生涯的最后一场比赛画上一个圆满的句号，这个喜欢了近15年的球星终究还是离开了NBA赛场。说不完的故事，道不尽的回忆。如果可以，多想重新认识你，然后兴冲冲地告诉我的小伙伴们："Hey，今天看了场NBA比赛，那个湖人的8号好厉害，跟艾弗森对飚哦。听主持人介绍，他叫科比·布莱恩特。"

——Amancz（科比中文网站长）

●我从来都不觉得我是一个追星族，但对你是例外。16年前的一场比赛，让我记住了你，而这一记就是16年。16年很长，也很短。我庆幸见证过你年少成名的意气风发，见证过你独自带队时的低谷迷茫，见证过你王者归来的霸气，更见证过你对抗伤病的努力拼搏。你的生涯完美也不完美，至少4年前我没有想过那会是你最后一次出现在季后赛，甚至我没有想过你的球队会陷入如此挣扎的地步，对于一个对胜利如此偏执的人来说，这是最大的煎熬。当你坦然地说出"Mamba out"时，我知道你真的已经放下了这一切，所以，我也该放下了！

——fancc_瓜瓜（湖人中文网站长）

●上学的时候逃课看比赛，毕业后翘班看比赛，你陪伴了我的整个青春，你和你的战场告别，我也和我的青春告别。他们说喜欢一个偶像，多半是他教会了你以前不懂的道理，或是他身上发光的地方也正是你想拥有的，我想或多或少有这方面的原因，但对于"科密"来说这都不重要，我们喜欢你就是喜欢你，因为爱不需要理由。我们爱你的狂妄自大，爱你的永不言弃，爱你的跳投，爱你的绝杀，爱你的一切。因为你是，科比·布莱恩特！

——锡晒高比仔（爱死科比论坛站长）

●第一次知道科比是在初中。那个时候老爸喜欢看篮球，CCTV还没有体育频道，播放NBA的比赛都是在下午的时间放一些录像。我不记得，那是一场什么样的比赛了，只记得，老爸指着电视里的一个黑人，兴奋地说："这个叫科比的，打球特别像乔丹……"后面的话已记不全，但那是我第一次听到这个名字，知道这个人。

2000年的总决赛湖人和步行者的第四场，是我彻底爱上这个男人的起点。16年的光阴，青春的陪伴。他的精神激励着我前行，蜕变。

——冰箱（科比之家社区站长）

●20年职业生涯，18年一路追随，9年中国行……一路相伴，从二十四号地域再到科比庄园社区，从未选择离开，"曼巴精神"一直激励着我不断前行。当你宣布退役的那一刻，我却格外平静，60分堪称神迹的谢幕表演，伴随着我的青春记忆正在慢慢褪去，无数比赛视频、图片、照片，那是我最美好的青春记忆。Mamba Out，但传奇永不落幕！

——天之骄子（科比庄园社区站长）

●帷幕落下，一切回归安静。回头再想想科比，他几乎定义了一名想要取得成功的职业篮球运动员所必备的要素：勤奋、基本功、好胜、自信。以后联盟还会出现比科比取得更多冠军的球员，但你却很难再找到像科比一样热爱并且从未背叛过篮球的球员。

——Mr-B-mamba（璀璨紫金论坛站长）

●无缝何以容世间蝼蚁，有隙却难挽匆匆白驹。这就是人生，有些事你留也留不住。你一定要先学会忍受它的无情，才会懂得享受它的温柔。当你坦然面对每一场失利，当你微笑着和每一个对手拥抱耳语，和每一个客场球迷挥手告别，当时间的脚步终于从容不迫地走到这一天。我们一起走了这么久，我那么爱你，借你的光看见了以前未见过的世界，一点也不遗憾。你往前走，我来回头。

——香浓布丁（百度科比吧吧主）

●曾经，我彷徨迷惘，你风华正茂。那些年，如果没有天际那一道璀璨的紫金亮色，我那彷徨迷惘的青春该是怎样的苍白？因为热爱，所以执着；因为执着，所以卓越。这是我对你的理解，也是我对自己的激励，这是一个男人对另一个男人的惺惺相惜。其实我知道，我爱的是自己的内心。

——三少爷

●科比作为过往篮球世界的一代枭雄，他喜欢不停地对抗，他以他独有的人格魅力和无懈可击的球技，招引了无数人的爱随他一起开创专属于他的篮球之路。他奋斗过，也彷徨过，甚至曾背负着难耐的孤寂，但他从来耻于屈服和停顿，乃至他的目光中，几乎只让人望见直逼失败的愤怒火焰，我们能看到的只有他对篮球的热爱以及胜利的饥渴。以往那种腾空摘星、主宰比赛、致命一击、嗜血得分就让他留在球迷的记忆中吧，当然还有那彪炳着科比丰功伟绩的五枚总冠军戒指。一个背影远去，消失，淡漠平静，Mamba Out，恰当的了结，似乎一切都很简单，一如我们的那句“Thank you,Kobe”。

——星影沉沙

●用两个字概括我的青春，这两个字就是“科比”，有首歌叫作《再不疯狂我们就老了》，我只疯狂追过一个人，那就是你。What can I say？把最好的祝愿送给你和你的家人，现在你去开创属于自己的商业帝国吧！Mamba Out！我心依旧。

——Die-hard_KobeFan

●当你20年的职业生涯慢慢结束，在日后回望时无尽的时光里，剩下的唏嘘和感慨是我们每一个经历过的人都会不时缅怀的，那是一种深入骨髓血液的深刻记忆，难以割舍，难以忘怀。拜伦说过，时光流逝，世界所给予的欢乐绝不能和他所带走的相比，谢谢你，科比！

——leaper824

●篮球之于科比，我能想到的就是这么一句话：一生热爱，回头太难。有些事情明知道已经发生，但要说出口，却依然还是不舍。感谢科比，出现在那个我们真心热爱篮球的黄金时代里。可我再也没有那样的热情，去追另一个人了。我渐渐知道，我告别的，不只是科比。For me, Kobe is more than basketball.

——歪歪酱油24

●不舍你的桀骜，不舍你的坚持，不舍你行云流水的动作，不舍你每一个坚定的眼神……太多的不舍。在青春的岁月，有所寄托是多么美好的事情，感谢你陪我走过这16年！Once a Laker,Life a Laker! 好在我还怀揣着满满的回忆，我会对我的娃娃讲那些荡气回肠的比赛，和你的无所不能。这张球票一欠就是一辈子。

——Smilingvigi

●有太多美好的伟大的煽情的词可以用来形容你，可以用来描述对你的情感。在众多的词汇中，还有一个词叫相见恨晚。在2008年才认识你的我，总是会惋惜没能早点认识你：没能看到你那青涩的菜鸟期，没能见证你三连冠王朝霸业，没能陪伴你度过独自带队时的挣扎期，甚至没能目睹你那81分的神迹。但幸运的是，能够见证你这最后的8年。

——yyfivan

●所有的结局都已写好，所有的泪水也都已启程。无论我如何去追索，年轻的你只如云影掠过，而你微笑的面容极浅极淡，逐渐隐没在日落后的群岚。遂翻开那发黄的扉页，命运将它装订得极为拙劣，含着泪，我一读再读，却不得不承认，青春是一本太仓促的书。还好青春有你，我永远的曼巴！

——何你一起蝶恋之鸽

●20年，是我们球迷无法忘记的，更是你无法复制的过往。你的NBA职业球员生涯结束了，但青春里有关你的记忆，却不甘心就这样结束。若干年后，或许我需要从硬盘里回味爱你的那些时刻，那些因你而变得美好的日子。当时间不断地过去，你会变成什么样？我眼中的你依旧是会帅气地拉杆、拥有无与伦比的滞空、可以滴水不漏防守的紫金王者。感谢我的青春有你陪伴。

——海羽

BRYANT
24

I'M MORE PROUD NOT ABOUT THE CHAMPIONSHIPS, BUT ABOUT THE DOWN YEARS. BECAUSE WE DIDN'T RUN.

比起获得总冠军，我更为我们那些艰难的岁月而感到骄傲，因为我们从未放弃。

仅以此书献给在球场上和人生道路上奋斗的人们。

图书在版编目（CIP）数据

Thank you Kobe 科比，难说再见 / 科比庄园编著 .—
北京：世界知识出版社，2016.5（2021.11 重印）
ISBN 978-7-5012-5224-4

Ⅰ.①T… Ⅱ.①科… Ⅲ. ①布莱恩特，K.– 生平事迹 –
画册 Ⅳ.① K837.125.47-64

中国版本图书馆 CIP 数据核字（2016）第 115329 号

责任编辑	余 岚 刘 喆
责任出版	赵 玥
责任校对	马莉娜
设 计	俞小红 张荣生 牛 涛
特约编辑	俞小红 周 淳 陈 伟 杨乔威
书 名	Thank you Kobe 科比，难说再见 Thank you Kobe Kebi, Nanshuo Zaijian
编 著	科比庄园
出版发行	世界知识出版社
地址邮编	北京市东城区干面胡同 51 号（100010）
网 址	www.ishizhi.cn
经 销	新华书店
印 刷	朗翔印刷（天津）有限公司
开本印张	787mm × 1092mm 1/24 5 印张
字 数	100 千字
版次印次	2016 年 6 月第一版 2021 年 11 月第十一次印刷
标准书号	ISBN 978-7-5012-5224-4
定 价	59.00 元